Deutsche Yoga-Schule

Praktischer Lehrgang
zur Erziehung von Körper, Seele und Geist
und zur Erkenntnis höherer Welten

Heinrich Jürgens

Sonderausgabe Nr.: 18

AF139038

1

Mein Dank geht an Peter Windsheimer für das Design sämtlicher Bilder, des Weiteren an Ariane und Michael Sauter.

Für Schäden, die durch falsches Herangehen an die Übungen an Körper, Seele und Geist entstehen könnten, übernehmen Verlag und Autor keine Haftung.

©2019 Jürgens, Heinrich;
Uiberreiter Verlag, Christof
Herstellung und Verlag:
BoD – Books on Demand, Norderstedt
ISBN: 9783738603750

Die Gedankenwelt des Durchschnittseuropäers von heute ist beherrscht von einem wüsten Chaos. Das Durcheinander ist das Zeichen unserer schweren Zeit. Nirgends ein gleichartiges Ziel, überall Ichsucht in nie dagewesener Härte, ein Kampf auf Leben und Tod um wirtschaftliche Vorteile. Mammonismus, Materialismus und Begierden schlimmster Art ergreifen Besitz von der Jugend und drohen sie zu zerfressen. Die ganze europäische Kultur gleicht einem ungeheuren Faulhaufen, der sich immer mehr in seine Bestandteile auflöst. Das Ende aber ist der vollkommene wirtschaftliche und seelische Zusammenbruch der gesamten alten Kulturwelt, wenn nicht im letzten Augenblick noch ein Retter naht, und das noch vorhandene Unverdorbene vom Vermodernden scheidet. Die Pest, die im Finstern schleicht, droht alles zu verderben.

Mache dich auf und werde licht! Dieses Wort der Urchristen möge vor allem für unser deutsches Volk Geltung haben. Auch in Deutschland ist das Chaos groß. Ein Drängen und Hasten, ein Niedertreten der Schwachen und Elenden, ein Gieren nach Geld und Sinnenbefriedigung. hat auch in Deutschland Platz gegriffen, bringt unser Volk immer näher an den Rand des Abgrunds. Der Mammonismus und sein Doppelgänger, der Großkapitalismus, drohen alles geistig Blühende unseres Volkes zu vernichten. Der sinnliche Leib regiert und das Geistige wird beiseite geschoben.

In seinem Buche „Einführung in die Okkulte Seelenkunde" schildert W. Adelmann-Huttula die in Deutschland herrschenden Verhältnisse. Einiges sei an dieser Stelle wiedergegeben, da es mit scharfen Umrissen die gegenwärtige moralische Strömung in Deutschland kennzeichnet. Der Verfasser sagt u. a.: „Eine weit bedenklichere und totbringendere Gefahr als das wirtschaftliche Elend ist die sittliche Verelendung unseres Volks, die Gesinnungslumperei. Wirtschaftliches Elend könnte durch äußerliche Maßnahmen behoben werden, hat sich aber einmal das Krebsgeschwür der sittlichen Selbstzersetzung in den Volkskörper eingefressen, dann dürfen wir die letzte Hoffnung auf Wiedergenesung schweigend begraben.

Eine besondere widerliche Spielart der Knechtsgesinnung und des Helotentums sind die Bauchkriecherei und Schwanzwedelei, welche in der Sucht, das Ausland nachzuahmen, zum Ausdruck kommen. Ausländische Sitten, Moden und dem Tierreich habgelauschte Urwaldtänze sind es hauptsächlich, die zur Zeit wieder Eingang finden und besonders das Herz der Neuen Reichen, das Volk nennt sie Schieber, erfreuen.

Nachdem die Revolution die gekrönten Häupter Deutschlands hinweg gefegt und die alten Götter nicht mehr verehrt werden können, betet der

3

Pöbel die neuen Reichen an, bewundert ihr Genie, mit dem sie es verstanden haben, über Nacht Riesenbeträge zusammen zu raffen, natürlich auf Kosten der hungernden Allgemeinheit. Nicht Verdienst und Wissen gilt, sondern nach dem Umfang seines Geldsackes wertet der Vulgus (gewöhnliche Mensch) den Menschen. Weite Kreise rufen nach dem starken Mann. Natürlich nur, damit sie selbst nichts zu leisten brauchen. Er soll billigere Preise und günstigere Lebensbedingungen schaffen – bei möglichst verkürzter Arbeitszeit. Möglichst viel genießen und möglichst wenig arbeiten: Dieses Programm wäre nach dem Geschmack der neuen Generation. Die Damen der guten Gesellschaft verbringen ihre Abende bei Märchenerzählerinnen – gleichzeitig vergehen Tausende von unversorgten Säuglingen in Hunger und Elend."

Weiter sagt derselbe Verfasser: „Diese Knechtsgesinnung ist ebenfalls nur ein Resultat des Materialismus, der materialistischen Weltanschauung, welche Gott leugnet und den sinnlichen Lebensgenuss als den einzigen Daseinszweck betrachtet. Lasset uns essen und trinken und fröhlich sein, denn morgen sind wir tot. So lautet das Glaubensbekenntnis des materialistischen Praktikers. Aber Chamberlain hat nicht so unrecht mit seiner Behauptung, dass wir künstlich zu Materialisten gemacht worden sind. Sind die religiösen Begriffe von heutzutage nicht ganz und gar vermaterialisiert? Wird Gott nicht als ein ganz menschenähnliches Wesen beschrieben, das, getrennt vom Menschen, in fernen Himmelshöhen thront? Wurde uns nicht von Kindheit an durch geschickte Suggestion beigebracht, dass der Mensch ein elender, mit Erbsünde belasteter Wurm im Staube sei, der nichts, rein garnichts für seinen geistig-sittlichen Fortschritt und seine Erlösung aus Unwissenheit und Sünde tun könne? Und wo sind die Gläubigen, die auch nur einen annähernd klaren und richtigen Begriff vom Wesen der Seele und des Geistes ihr eigen nennen? Herrscht auf diesem Gebiet nicht die, krasseste Unwissenheit – selbst in den Kreisen der angeblich Gebildeten? Woher soll da eine auf Psychologie und Logik festgegründete höhere ideale Weltanschauung kommen?! Urteilen wir deshalb nicht allzu strenge, wenn wir Zeugen sind, wie sich weite Teile unseres armen Volkes in den Sümpfen des Materialismus wälzen. Alles verstehen, heißt alles verzeihen. Wie wahr ist doch die östliche Lehre, dass alles Leiden und Elend aus Unwissenheit – Nichterkenntnis – bezüglich der geistigen Gesetze hervorgeht und wie angebracht Schopenhauers Forderung, dass auf diesem Gebiet rücksichtslose Aufklärung einsetzen solle!"

4

Die, heutigen, sich christlich nennenden Kirchen haben es nicht vermocht, diesem geistigen und sittlichen Niedergang Einhalt zu tun. Alle diese Institutionen sind in erstarrten Dogmen befangen, von wirklichem Gottesgeist ist nichts, rein gar nichts zu spüren. Sie predigen die Sünde und Gnade, sie verkündigen einen menschlichen Gott und die allein seligmachende Kirche hat es sogar so weit gebracht, dass sie ihre Anhänger von allen bösen Begierden, die sie begangen haben, freispricht und dadurch indirekt der Sünde freien Lauf lässt. Der Glaube an den toten Buchstaben wird gelehrt und unter allen Umständen aufrecht erhalten. Die Lehrer kümmert es nicht, dass ehrlicher Forschergeist Dinge zu Tage fördert, die in direktem Widerspruch mit der Lehre der Kirchen stehen. Blinder Glaube wird gefordert und verlangt. Dass die Vernunft, die doch dem Menschen eigen ist, dabei zu kurz kommt, kümmert die Verkundiger der kirchlichen Lehre nicht im Geringsten.

Die Folge ist der Unglaube an alles, was mit Gott und Christus zusammenhängt. Die Masse ist ein riesenhafter Spotthaufen, ohne Sittenbewusstsein, ohne Religion, ohne Gott, ohne Bewusstsein des Geistes in uns, der ungeheure Kräfte birgt.

Gibt es einen Weg, der aus diesem riesenhaft zunehmenden Verfall aus diesem Elend, aus dem ganzen Chaos der Gottlosigkeit und dem sittlichen Verfaulungsprozess hinausführt? Ist noch eine Möglichkeit vorhanden, unser deutsches Volk, das krank und zerrüttet seinem gänzlichen Niedergang entgegensieht, aus der Begierdenwelt in eine höhere sittliche reinigende Atmosphäre zu führen?

Ja, es gibt noch einen Weg der Rettung. Er ist da. Nur muss er begangen werden. Mit Zuversicht und Tatkraft, die dem deutschen Volk ja nicht fehlt, müssen wir uns daran machen, aus dem Verfall herauszukommen und den Führern folgen, die uns die Pfade weisen, die zur höchsten Vervollkommnung des Geistes, zur Macht und zum Gottesbewusstsein fuhren.

In den Schriften über Suggestion und Atemlehre wurde dargelegt, welche Kräfte in jedem Menschen schlummern, wie wir vermittels dieser Kräfte es dahin bringen, uns von Krankheiten und Leidenschaften aller Art zu befreien. Wie wir es aber vermögen, zur höchsten Vollkommenheit des Geistes emporzusteigen und eine unbeschrankte Kraft geistigen Willens zu entwickeln, wie es uns möglich ist, zur Erkenntnis aller Dinge und ihrer inneren Zusammenhange, ja zum göttlichen Schauen zu gelangen, diesen Pfad der Erkenntnis weist uns unter anderem die östliche Lehre, die seit

5

Jahrtausenden besteht und die in der Durchführung der

Yoga-Praxis

ihren Ausdruck findet.
Diese Schrift wendet sich an alle Stillen und Geistigen im Lande, an alle
Gottsucher, an alle, deren Sehnsucht der Befreiung des allzumenschlichen
Ichs von Elend, Unterdrückung, Versklavung, Begierden, Zweifelsucht und
Leidenschaften aller Art gilt. Nur heißt es zu zufassen und entschlossen den
Weg zu beschreiten, der klar und scharf umrissen vor uns liegt und der zur
hohen Vollendung des Geistes, zu

wahrer Befreiung

aus dem Elend und Schmutz des heutigen Daseins führt.
Jeder Einzelne aber möge die Mahnung beherzigen: Mache dich auf und
werde licht!

*

Es ist nicht die Aufgabe dieser Schrift, auf die Geschichte des Yoga und
allem, was damit zusammenhängt, einzugehen. Wer sich darüber unter-
richten will, lese die einschlägigen Werke von W. Adelmann-Huttula und
die Aufschluss für den Suchenden geben, der sich über den Ursprung
unserer Lehre orientieren möchte. Diese Schrift soll lediglich der Yoga-
Praxis gewidmet sein. Nur eine kurze Übersicht soll vorausgehen, die den
angehenden Yogi, den Schüler des Yoga, eine Handhabe und Erklärung
bietet.
Für denjenigen aber, der vielleicht christliche Bedenken hegen möchte, sei
gesagt, dass die Yoga-Lehre und die Lehre Christi sich an keiner Stelle
widersprechen. Im Gegenteil wird der wirkliche Christ, der die Yoga-
Schule durchmacht, es bald inne werden, dass ihm die Yoga-Praxis ein
Helfer zum Verständnis der Lehre unseres Heilands ist, dass die Yoga-
Praxis es erst dem Einzelnen ermöglicht, ein wahrer Nachfolger und Jünger
Jesu Christi zu sein, d. h. seinen Leib zum Tempel des Heiligen Geistes zu
machen. Denn strenge Geisteszucht in potenzierter Form ist das Ziel der
Yoga-Schulung.
Es gibt zweierlei Yoga-Systeme: Den Hatha-Yoga und den Radscha-Yoga.

Das erstere System, wie es in allen Werken geschildert wird, ist eine Art niederer Schulung, die aus verschiedenen Gründen keinem Europäer empfohlen werden kann und die keineswegs zur Entwicklung des Geistes in uns dient, sondern nur gewisse magische Kräfte des eigenen Unterbewusstseins weckt. Über diese Art des Yoga schreibt W. Adelmann-Huttula: „Was der reisende Europäer in Indien öffentlich kennen lernt und zu sehen bekommt, ist in der Regel Jahrmarkt-Fakirismus und niederer Hatha-Yoga. Letzterer beruht vornehmlich auf eigenartigen Körperstellungen, von denen jede schwieriger ist als die vorhergehende, und auf gewaltsamen, höchst anstrengenden Atemübungen und Kunstgriffen zwecks zeitweiser Unterdrückung der Atmung, wodurch Ekstasen und hellsehrische Wahrnehmungen einer niederen Art herbeigeführt werden sollen. Hatha-Yoga, wie er dargestellt wird, gipfelt in der Bezwingung des Atmens und die Meisterschaft darin dürfte nur von sehr energischen und gesunden Naturen indischer Abstammung erreicht werden. Besonders von Amerika aus haben diese indischen Atemübungen auch in Europa Eingang gefunden und schon viel Unheil angerichtet ... und H. P. Blavatsky, die berühmte Verfasserin der großen yogaphilosophischen Werke, hatte wahrlich allen Grund, vor den darin angedeuteten Übungen zu warnen, die häufig genug zu Nervenstörungen, Schwindsucht und Verfolgungswahn führen. Seid deshalb gewarnt!"

Die von der Hermetik gelehrte Yoga-Praxis ist anderer Art. Im Indischen wird sie Radscha-Yoga, das heißt Königlicher Yoga genannt. Diese Yoga-Praxis ist die älteste und sie allein ist geeignet, die Menschen auf den Pfad der Erkenntnis zu führen. Der wahre Radscha-Yoga hat nichts mit gefährlichen Körperstellung oder gewaltsamen Atemübungen zu tun, sondern erheischt als vornehmste Grundbedingung

die Reinigung und Läuterung der gesamten Gedankenwelt
eines Menschen!

Aller Anfang ist schwer. Dieses Sprichwort gilt für nichts mehr als für dieses Erfordernis der Seelenläuterung. Bevor man daran geht, die Yoga-Praxis auszuführen, bedarf es unter allen Umständen dieser sicheren Grundlage. Niemand glaube, dass es ohne diese Reinigung abgeht. Du musst gründlichen Hausputz in deinem Innern vornehmen, mit eisernem Besen allen Unrat hinauskehren, bevor du überhaupt daran denken darfst, zur eigentlichen Yoga-Schulung überzugehen. Vernachlässige keine Ecke deines Seelengebäudes! Lass keine Spinneweben hängen!

Die Untersuchung der eigenen Seele

ist die erste Forderung, die du an dich stellen musst, bevor du an ihre Reinigung gehen kannst. Die Mittel und Wege zu dieser Untersuchung sind in den hermetischen Schriften angedeutet. Ein tüchtiger Helfer ist auch das Buch Bruder Ekkehards „Die Schule der Seele", das geeignet ist, die Selbsterkenntnis im Menschen zu wecken. Erst die vollendete Selbsterkenntnis führt zur Reinigung deines Gedankengebäudes. Mit frischem Mut und fester Energie gehe an die Klärung deiner in dir ruhenden Unterscheidungskraft, an die Überwachung und Beherrschung deines Denkens.

Die Fragen entstehen nun:

Wie erreiche ich die Läuterung, Beobachtung und Reinigung meines gesamten Gedankenkomplexes? Kann ich eine Umstellung meiner Gedanken vornehmen?

Der wichtigste Grundpfeiler zur Beobachtung der aus dem Innern aufsteigenden Gedanken ist die Forderung: Lerne schweigen!

Dieses Gebot des Schweigens bezieht sich auf alle Fälle des täglichen Lebens. Durch nichts werden die Sinne eines Menschen mehr zerstreut, als durch Schwatzhaftigkeit und lautes Wesen. Das leere Geschwätz der dir auf der Straße begegnenden Bekannten meide nach Möglichkeit. Weiche jedem Gespräch aus, das deine Gedanken zu zerstreuen geeignet ist. Beschränke dich im täglichen Leben auf die notwendigsten Mitteilungen, im Geschäft oder deinem sonstigen Beruf; sei höflich und geduldig gegen deine Mitarbeiter, jedoch verhüte jedes Eingehen auf ein Gespräch, das nicht zur Sache gehört und das dich veranlasst, von der Sache weitab Liegendes oder gar Haltloses zum Gegenstand deiner Erörterung zu machen. Verrichte deine Arbeit möglichst schweigend und versuche dich nur auf deinen Beruf zu konzentrieren. Diese Art der Gedankensammlung ist eine gute Vorübung für die später einzusetzende Konzentration, die sich auf das Beobachten deiner Gedanken richtet. Auch in der Familie gilt für dich das Gebot, nicht notwendige Plaudereien zu vermeiden. Zeige deine Liebe und Zuneigung zu deinen Angehörigen, indem du sie durch die Tat beweisest ohne viele Worte zu machen. Sprich auch in deiner Familie nur Notwendiges,

Erzieherisches oder Liebegebendes.

Es wird eine gewisse Zeit erfordern, bis es dir gelungen ist, die Kunst des Schweigens zu erlernen. Wichtig ist, dass du dieses Schweigen jeden Tag eine Stunde lang übst. Setze dich in einen ruhigen Winkel einer Stube, von der du weißt, dass du dort nicht gestört wirst. Achte darauf, dass du bequem sitzest, dass jede Muskel deines Körpers ruht. Sodann falte die Hände oder lege sie ineinander und gib dich vollkommenem Schweigen hin. Während dieses Schweigens wirst du selbst darauf kommen, deine Gedanken, die in dir aufsteigen, zu betrachten. Zunächst achte nicht darauf, welcher Art Gedanken es sind, die dein Hirn beschäftigen, sondern beobachte sie lediglich mit dem Interesse eines Zuschauers, der im Kino die sich jagenden Bilder besichtigt. Halte während dieser einleitenden Schweigeübung jedes Räuspern zurück, überhaupt jeden Laut deiner Kehle. Zuweilen kannst du auch deinen Atem während dieser Übung beobachten, Denn du musst wissen, dass die Art deiner Atmung Schlüsse auf den Charakter, auf innere Zustände zulässt.

Hast du eine Zeitlang diese Schweigeübung ohne jede vorgenommene Beobachtung ausgeführt und ist dir das Schweigen im täglichen Leben zur zweiten Natur geworden, so kannst du dazu übergehen, deine Gedanken während der Übung einer

kritischen Überwachung

zu unterziehen. Beginne sofort nach Aufnahme der Übung mit dem ersten Gedanken, der dich überkommt. Fange diesen Gedanken auf, wie man einen Fisch im Netze fängt. Lass ihn zunächst nicht mehr los, sondern überlege: Woher stammt der Gedanke? Wie kommst du dazu, ihn zu denken? Ist er gut oder böse? Durch welche Ursache wurde der Gedanke veranlasst? Liegt die Schuld in dir, dass dich der Gedanke zu überkommen wagt? In welcher Beziehung steht er zu deiner beruflichen Arbeit, zu deinen Mitarbeitern, zu Vorgängen des Tages, deines früheren Lebens, zu deinen Familienangehörigen, zu unrechten oder gerechten Taten, zu deinem Reichtum, deiner Armut, deinem Ehrgeiz, deiner Begierde, deinem bösen oder guten Oberflächenwillen, zu Leidenschaften, Eifersucht, Zorn, Hass? Hast du die Zerlegung dieses ersten Gedankens in seine Bestandteile vorgenommen, greife den nächsten dich überkommenden Gedanken auf und verfahre in gleicher Weise mit ihm. Vor allem sei dabei ehrlich und wahr gegen dich selbst! Lüge dir nichts vor, beschönige nichts. Du bist allein für dich, du hast dich vor niemand Anderem zu schämen, als bestenfalls vor dir selbst. Erkenne das Lasterhafte, Begierdenmäßige, aber auch das Gute und Schöne in dir.

Um dich selbst dahin zu bringen, dass du die Gedankenwelt deines Innern während der beruflichen Arbeit und des allgemeinen, täglichen Lebens beobachtest, gib dir morgens vor dem Aufstehen die Suggestion: „Ich werde heute meine Gedanken beobachten". Wie eine solche Selbstbeeinflussung erreicht wird, legen die hermetischen Schriften zur Genüge klar. Es sei jedoch noch einmal kurz erwähnt, dass Herbeiführung völliger Körpererschlaffung. Ausschaltung des Eigenwillens, Erregung der seelischen Aufmerksamkeit in den suggestionsaufnahmefähigen Zustand führen. Lege sodann die Hände unter den Kopf und sprich etwa zehn Minuten lang: Ich werde heute meine Gedanken beobachten. Wenn du fühlst, dass sich das von dir Ausgesprochene plastisch in deinem Innern geformt hat, stehe schweigend auf und vermeide in der ersten halben Stunde jegliche Unterhaltung, auch eine solche mit deinen Familienangehörigen. Merke wohl: Die durch deine berufliche Hirnarbeit erzwungenen Gedanken machen höchstens den hundertsten Teil der dich im Laufe des Tages überkommenden Vorstellungsbilder aus. Du wirst, wenn du dir in richtiger Weise die Suggestion beigebracht hast, es dahin bringen, dass du deine Gedanken beobachten lernst, ohne dadurch in deiner Berufsarbeit gestört zu werden.

Hast du diese Überwachung bzw. Beobachtung deiner Gedanken während des Tages erreicht, so wirst du sie, kraft deiner am Morgen dir gegebenen Suggestion, behalten. Und damit beginnt für jeden

die Läuterung und Reinigung des gesamten Gedankengebäudes.

Mit dieser Betätigung setzt die *Zucht des Geistes* gleichzeitig ein. Gelegentlich der allabendlichen Schweigeübung wirst du den ersten dir am Tage eingefallenen Gedanken wieder in seine Bestandteile zerlegen. Mit dieser Analisierung wird der Wunsch eintreten, den Gedanken, wenn er schlecht ist, nicht wieder zu denken. Doch es ist nicht leicht, diesen Wunsch zum eisernen, sich in die Tat umsetzenden Willen des Geistes zu gestalten. Dazu bedürfte es einer langen Zeit geistiger Schulung, die erst nach der Läuterung der Gedankenwelt einsetzen soll.

Erstes Erfordernis für diese seelische Arbeit am eigenen Selbst ist die Unterlassung schlechter oder lasterhafter Gewohnheiten. Vor allem meide den Alkohol! Entsage ihm nach Möglichkeit in allen seinen Formen! Denn Alkohol ist tödliches Gift für jegliches höhere Denken, für den geistigen Willen und die klare Urteilskraft, die unerlässlich zur Erlangung nicht nur der höheren Entwicklungsstufen, sondern auch der seelischen Reinigung ist. Meide aber auch den modernen unrhythmischen Tanz, denn auch er ist in fast allen seinen Formen Rausch begierdenhafter Art, rauche nicht oder nur sehr wenig. Denn auch Nikotin lähmt die Vorstellungskraft, den unterbewussten Willen in dir! Adelmann-Huttula schreibt zum Missbrauch des Alkohols: „So ist es Erfahrungstatsache, dass ein einziges Glas Wein die Frucht jahrelanger Schulung zu zerstören vermag. Wenn letzteres auch nur für Fortgeschrittene gilt und gelegentlicher, sehr mäßiger Alkoholgenuss bei Anfängern zulässig ist, so ist doch auch in solchen Fällen große Vorsicht und Zurückhaltung ratsam, denn keiner weiß, ob ihn das erste Glas nicht zum zweiten und dritten führt. Viel Alkohol ist schädlich wenig Alkohol ist kein Genuss! Es ist deshalb die einfachste Lösung ihm gänzlich zu entsagen."

Insbesondere aber gilt für den Anfänger das Gebot: Stehe von aller Unzucht ab! Die sexuelle Frage ist die wichtigste für den angehenden Yoga-Praktiker. Das Geschlechtliche hat den Europäer von heute, den Deutschen nicht ausgenommen, zum Tier herabgewürdigt. Die Lehre von der Sinnenbefriedigung hat in den Reihen unserer Jugend verheerend gewirkt. Geistiger Wille ist infolgedessen so gut wie gar nicht vorhanden, dafür aber umso mehr Eigensinn und Oberflächenwille, die vom ersten Hauch der Vorstellungskraft umgestoßen werden. Der Yoga-Praktiker benötigt zur Ausführung seiner Schulung alle in seinem Körper aufgespeicherten Energien. Und da die geschlechtliche Energie die größte ist, so ergibt sich daraus, dass deren Aufspeicherung das beste Mittel für den Yogi wie für den Yoga-Schüler ist, in ihm die höchsten Kräfte zu entfalten. Ohne diese Energie wird niemand zur Stufe des Gottesbewusstseins emporsteigen können.

Für den Anfänger ist es von Wichtigkeit, zu wissen, auf welche Weise er sich von diesen angeführten schlechten Gewohnheiten befreien kann. Da der Wille des Geistes noch nicht entwickelt ist, kann der Kampf mit diesen Begierden eine derartige hitzige Form annehmen, dass das gesamte Nervensystem des Betreffenden dadurch in Mitleidenschaft gezogen wird. Um dem Anfänger in der Yoga-Praxis diesen mit Sicherheit einsetzenden Kampf zu erleichtern und ihm einen Sieg über sich selbst in Aussicht zu stellen, mögen hier einige Praktiken angegeben werden, die der Verfasser dieser Schrift an sich selbst erprobt hat und die ihren Ursprung der Coueschen Selbstbemeisterung durch bewusste Autosuggestion verdanken.

In dem Unterbewusstsein eines Menschen ruhen neben vielen anderen Eigenschaften die Kräfte der Vorstellung und des Glaubens. Die Kraft der unterbewussten Vorstellung ist so ungeheuer, dass sie jeden Oberflächen- willen leicht über den Haufen wirft, dass sie aber auch schweren Krankheiten Einhalt gebietet, den von Leidenschaften geplagten Menschen von seinem Zustand befreien kann. Leidet der angehende Yogi nun unter einer der angegebenen bösen Gewohnheiten, so möge er zu deren Beseitigung das gleiche System anwenden, das in den hermetischen Schriften eingehend beschrieben und empfohlen worden ist. Man gebe sich morgens und abends die Suggestion, die sich auf Entfernung der üblen Eigenschaften bezieht. Der Erfolg wird mit Sicherheit eintreten, der erste Sieg über .das menschliche Tier ist vollendet und es kann in gleicher Weise mit der Reinigung der Gedanken begonnen werden.

Denn mit der Zunichtemachung einer schlechten oder lasterhaften Gewohnheit sind die Begierdengedanken jeglicher Art noch nicht ausgeschaltet. Im Gegenteil wird der Yogi bemerken, dass durch die Zurückdämmung bisher beibehaltener, vielleicht zum Teil unsittlicher Gepflogenheiten, die sich auf diese beziehenden schlechten Gedanken mit umso größerer Leidenschaft hervorbrechen und den Anfänger zu beunruhigen vermögen. Da die Grundbedingung für den königlichen Yoga jedoch die Gedankenreinigung bzw. die völlige Umstellung der Gedanken ist, so erhellt daraus, dass **unreines, begierdenhaftes Denken völlig vernichtet werden muss, ehe an einen Aufstieg gedacht werden kann.**

Der gefährlichste und den europäischen Yogaschüler am meisten plagende Giftgedanke ist der geschlechtliche. Das größte und wichtigste Geheimnis der Yogaschulung besteht in der völligen Zurückdämmung oder besser gesagt Hinausstoßung der geschlechtlichen Begierde. Mit Recht heißt es daher in den Upanishaden: „Wer seine Lebenskräfte im Kopf festhält, der erreicht das Höchste".

Es ist natürlich vorläufig unmöglich, zu verhindern, dass dich begierdenhafte Gedanken überfallen. Aber die Verarbeitung dieser Gedanken kann verhindert werden, d. h. ein begierdenhaftes Bild wird von deiner Vorstellungskraft vor die Tür gesetzt in dem Augenblick, wo es sich an die Oberfläche wagt. Dieses Hinausbugsieren wird in den seltensten Fällen vom Oberflächenwillen des Betreffenden ausgeführt werden können. Dazu bedarf es einer stärkeren Kraft, einer Macht der Seele, des Geistes.

Durch Erweckung unserer Vorstellungskraft ist, wie schon angedeutet, eine solche Bemeisterung der Gedanken möglich.

Es sei daher wieder das autosuggestive Verfahren empfohlen, das für den Durchschnittsmenschen allein geeignet ist, seiner Seele Herr zu werden. Vor dem Schlafengehen und vor dem Aufstehen gib dir autosuggestiv die Vorstellung: „Meine Gedanken werden begierdenfrei sein". Der Erfolg stellt sich mit mathematischer Sicherheit ein. Sobald der unreine, böse Gedanke an irgendwelche Begierde, sei sie narkotischer oder sexueller Natur, sich einstellt, wird deine unterbewusste Aufmerksamkeit rege, die den stärker eingegebenen Vorstellungsgedanken der Begierdenfreiheit zum Gehirn leitet und dort augenblicklich den schlechten Gedanken ausstößt und so seine Verarbeitung verhindert.

Hat der Yoga-Schüler dieses seelische Zustandsstadium völlig erreicht, so kann er daran gehen, die

Umstellung der Gedanken

vorzunehmen. Es gilt nun, statt der Zurückstoßung begierdenhafter Vorstellungen die Erzeugung sittlichen und reinen Denkens zu veranlassen. Auch dieser Umwandlungsprozess geht nicht ohne ungeheuren Kampf mit den niederen Kräften im Menschen ab. Geduld und Ausdauer bei der Ausübung dieser innerlichen Arbeit sind die Bedingungen, die einen endgültigen Sieg gewährleisten. Alle Gedanken, Gefühle und Triebe, so auch die Ungeduld, die Willenlosigkeit, der Trotz, Zorn, Hass, alle zerstörenden Eigenschaften müssen unter die Herrschaft des Geistes gebracht sein. Vornehmlich müssen erzeugt werden

Vollkommene Liebe,
angemessene Selbstlosigkeit,
Beständigkeit.

Diese drei diamantenen Grundpfeiler, wie sie ein Katechismus des Radscha-Yoga nennt, erzeugen sittenreines Denken und somit die Grundlage zum Beginn der eigentlichen Yoga-Schulung.

Um aber allen Irrtümern oder falschen Auffassungen vorzubeugen, bedarf es einer kurzen Definierung der drei oben genannten Begriffe.

Den Begriff der vollkommenen Liebe hat Christus mit den kurzen Worten ausgedeutet: Liebe deinen Nächsten wie dich selbst! Und Gandhi, der neuerstandene Messias Indiens, legt dieses Wort sogar dahin aus, dass nicht nur jeder Mensch, sondern auch jedes Tier unser Nächster sei. Diese Auslegung erfordert also, dass wir jedem Lebewesen ein Gefühl der Liebe entgegen bringen sollen und wenn Buddha in seinen ersten fünf allgemeinen Geboten heischt, kein Leben zu töten, so steht dies durchaus im Einklang mit der Lehre Christi und auch Gandhis.

Die Selbstlosigkeit ist die unbedingte Folge der Liebe zu allen Wesen. Sie besteht in den Tugenden der Geduld, der Barmherzigkeit, der Langmut, der Lauterkeit des Gemüts, der Güte und – der freiwilligen Armut. Das soll jedoch nicht heißen, dass du ein Vermögen, das dir gehört, zum Fenster hinauswirfst. Die freiwillige Armut besteht in der Enthaltung jedes Genusses, in einfacher Lebenshaltung, in der Entäußerung und dem Nichttragen alles Schmucks, in der Verbannung jeder Eitelkeit aus deinem Sinnenkreis. Das Geld, das du, kraft deines Vermögens, verbrauchen könntest, gib den Armen! Lebe also in persönlicher Armut. Die Finanzgenies der Welt befleißigen sich meist der größten Einfachheit in ihrer Lebenshaltung. Und das nicht etwa aus Geiz, sondern aus dem natürlichen Gedanken, dass eine einfache Lebenshaltung den geistigen Willen bis zur höchsten Potenz zu steigern vermag.

Die Beständigkeit ist die sichere Grundlage jedes Strebens. Sie ist für den Yoga-Schüler einfach unentbehrlich. Denn im Kampfe mit den niederen Kräften ist es für den Anfänger durchaus möglich, dass er durch irgendwelche Verhältnisse oder Geschehnisse verführerischer Art aus dem Gleichgewicht gebracht wird. Mit zäher Energie verfolge der Yoga-Schüler sein Ziel und wenn er einmal einen Rückfall erleidet, so beginne er wieder von vorn. Mit der Zeit wird er wahrnehmen, dass die Kraft der Ausdauer und des unterbewussten Willens in ihm wachsen. Die innere Stoßkraft nimmt ersichtlich zu. Immer mehr gelangt er dazu, das Triebleben in seine Gewalt zu bekommen. Das Gedächtnis wird schärfer, die Unterscheidungskraft klärt sich und das Bewusstsein seines eigenen Ich gewinnt plastische Form. Diese zielbewusste Überwachung seiner seelischen Bilder führt mit Sicherheit zur Beherrschung und Bemeisterung der Seelenkräfte.

Jeder Anfänger in der Yoga-Praxis muss diese Vorbedingungen erfüllt, restlos erfüllt haben, ehe er dazu übergehen darf, sich der eigentlichen Praxis zu widmen. Andernfalls läuft er Gefahr, für sich und andere zum entsetzlichen Verhängnis zu werden. Adelmann-Huttula schreibt hierüber: „Denn wenn ein Schüler den geistigen Willen entwickelt, ohne die nötige sittliche Reife zu besitzen, so könnte dies für ihn sowohl als für seine

14

Mitmenschen eine recht verhängnisvolle Wendung nehmen; ist es doch eine durch die Erfahrung der Jahrtausende bestätigte Tatsache, und auch der Grund dafür, weshalb die Lehrer häufig genug ungeeignete Schüler zurückweisen müssen, dass, wenn ein Mensch den geistigen Willen in sich wachruft, er gleichzeitig auch die in seiner Natur schlummernden niederen Seelenkräfte in Bewegung setzt. Ist der Strebende nun unbrüderlich, selbstsüchtig oder gar verbrecherisch veranlagt, so fangen diese dunklen Mächte des Unterbewusstseins, Dämonen gleich, zu rasen an, überwältigen seinen Verstand und treiben ihn zu üblen Taten, die er unter normalen Verhältnissen kaum begangen hätte".

Und weiter sagt derselbe Verfasser: „Es ist ja naheliegend genug, dass, wenn ein Mensch fortwährend sinnlichen Freuden (von Ausschweifungen ganz zu schweigen) nachjagt, ihm für die Entwicklung der höheren Seelenkräfte, weder Zeit noch Energie übrig bleibt. Wer an den seichten Vergnügungen des konventionellen Lebens mit seinen Hohlheiten, seinem Lug und Trug noch volle Befriedigung findet, der begnüge sich vorläufig noch mit dem theoretischen Studium dieser Philosophie und überlasse die Praxis energischen, zielbewussten Naturen. Denn weltliches Amusement mit Sinnenkultus und die Pflege des höheren Seelenlebens mit seinen hochgeistigen Genüssen stehen sich diametral entgegen und bekanntlich kann man keinen zwei Herren dienen. Entweder das eine oder das andere. Für den praktischen Radscha-Yoga eignen sich am besten jene, welche die Hohlheit und Oberflächlichkeit des Alltagslebens durchschaut und über diesen ganzen faulen Filmzauber innerlich hinausgewachsen sind".

Aber auch körperlich gesund muss der Yogaschüler sein. Nach Angabe der alten Texte ist nur derjenige reif für das Höchste, dessen Kräfte vollkommen harmonisch und gleichmäßig gemischt sind. Das will besagen, dass nur der Mensch sich der Yoga-Praxis widmen soll, der eine gesunde Seele (also nicht geisteskrank oder übernervös ist) und einen vollkommenen, gesunden Körper besitzt. Wie letzterer zu erlangen ist, kann der angehende Yogi durch die hermetischen Schriften erfahren.

Im Allgemeinen kann zu einer gewissen Diät geraten werden besonders in Bezug auf die Ernährungsweise des Yoga-Schülers. Jeder findet am besten selbst heraus, welche Nahrung für ihn die zuträglichste ist. Vegetarische Kost ist gut, jedoch keineswegs Bedingung. Mäßigkeit in Essen und Trinken ist aber unter allen Umständen eine Notwendigkeit.

Für den angehenden Yoga-Schüler bedarf es jedoch vor Eintritt in die eigentliche Praxis noch einiger Erklärungen über seelische Vorgänge, die uns im Wachen und Schlafen in Anspruch nehmen. Zunächst taucht die Frage auf:

Wie entstehen die Gedanken und woher kommen sie?

Jeder wird sich im wachen Zustand oft auf Gedanken ertappen, die er gar nicht denken wollte, die also in keiner Weise durch seinen Oberflächenwillen erzeugt worden ist. Es denkt also in jedem Menschen etwas, das nichts mit seiner Absicht zu tun hat, sondern wie ein Automat fortwirkt ohne sein Zutun. Jeder Reiz, den wir irgendwie empfinden, bringt in unserem Gehirn eine Vorstellung zustande, die wir Gedanken nennen. Ist dieser Gedanke stark und eindrucksvoll gewesen, so wird er zwar durch eine andere in unserem Hirn durch neue Reize entstandene Vorstellung verdrängt, er sinkt aber in unser inneres Blickfeld, d. h. in unser Unbewusstes hinab. Dieses Unbewusste oder Unterbewusste müssen wir uns als eine feine, mit elektrischer Kraft geladene Substanz denken. Sie nimmt die Gedanken auf, und ist gewissermaßen der Konservierungsbehälter aller uns beschäftigenden Vorstellungen. Im alltäglichen Sinne nennen wir diese ätherische Kraftsubstanz die Seele oder das Gemüt: Unsere Wissenschaft nennt sie das Unterbewusstsein. Zur Erklärung des Unterbewusstseins möge folgender Vergleich dienen: Der von außen her fallende Regen dringt durch die verschiedenen Erdschichten und sammelt sich in riesigen, unterirdischen Seen, deren Wasser wieder als Quellen, zum Teil in kaum sichtbaren Wassersträhnen an die Oberfläche der Erde gelangen. Stelle dir nun vor, dass die Regentropfen, die durch die äußeren Vorgänge in dich hineinsickernden Gedanken sind. Deinem Oberflächenbewusstsein kommen sie abhanden, du vergisst sie. Sie sinken hinab in den See deines Unterbewusstseins, wo sie, sobald sie nicht durch die Schichten deines Willens behindert werden, wieder als Quellen ans Tageslicht treten, von dir zum Teil nicht wiedererkannt.

Dem Leser wird die Frage entstehen: Wie ist es möglich, dass dieses Unterbewusstsein, das doch übersinnlicher, also eigentlich göttlicher Natur ist, böse, unreine und gute, göttliche Gedanken zu Tage fördert? Besitzt dieses Unterbewusstsein in uns zweierlei Natur, dass Gut und Böse sich in ihm auswirken können? Die Jahrtausende alte Lehre der Indo-Arier gibt uns darüber Aufschluss. Unsere sogenannte Seele besteht aus zwei Teilen, aus

Seele und Geist.

Erstere ist sterblich wie unser Körper. Sie hängt aufs innigste mit ihm zusammen. Letzterer ist unsterblich, seit Ewigkeiten von Gott kommend und wieder in Gott mündend. Unser Unterbewusstsein spaltet sich also in Irdisches und Göttliches, in Böses und Gutes. Spricht das Göttliche, dann ist es die Stimme des Gewissens, der Güte, der Geduld, der Liebe, der Nachsicht, redet das Irdische, so drängt sich das Tierische, Begierdenhalte. Unreine, Böse aus unserem Innern hervor.

Adelmann-Huttula sagt hierzu: „Habt ihr je darüber nachgedacht, woher die Gedanken kommen, welcher Natur das Gewissen, die geheimnisvolle innere Stimme ist und worauf die geistige Unterscheidungskraft beruht? Seid ihr euch je über die Natur jener dunklen, niederen, unreinen und unheimlichen Triebkräfte des menschlichen Innenlebens klar geworden, die unsere besten Absichten zunichte machen, unsere schönsten Pläne durchkreuzen, unser Schicksal in verhängnisvolle Bahnen lenken? Habt ihr noch nie bemerkt, wie ein seelisches Doppelwesen, gewissermaßen eine höhere und eine niedere Seele, ein Engel und ein Teufel, in unserem Innern um die Vorherrschaft ringen? Die eine Macht auf Kosten der anderen? Die eigentliche Yogapraxis besteht nun darin, diese zwei Seelen oder psychischen Strömungen von einander unterscheiden zu lernen. Der Schüler muss darauf bedacht sein, die in ihm tätigen Kräfte zu studieren. Er wird bald genug herausfinden, dass fortwährend edle und unreine Seelenkräfte wie Licht und Schatten um ihr Dasein kämpfen. Sinnlich-tierische Triebe, Begierden, Leidenschaften und das große Heer böser Neigungen sind fortwährend sprungbereit und auf der Lauer, um dem Verstand, der Vernunft, der Unterscheidungskraft, dem Gewissen ein Schnippchen zu schlagen".

Wie ist demnach das Unterbewusstsein beschaffen?
Und welcher Art ist seine Spaltung?

Die Beantwortung dieser Fragen ist die Grundlage der gesamten Yoga-Praxis. Ohne die genaue Kenntnis der seelischen und geistigen Beschaffenheit unseres gesamten Gedanken- und Bewusstseinskomplexes würde die Lehre des Yoga in sich zusammen fallen. Die Weisen des Altertums standen mit dem Allgeist und der Allnatur jedoch in so inniger Verbindung, dass sie sich der in ihnen wirkenden auf Grund tiefster, geistiger Erfahrung bewusst wurden und auf diese Weise der Welt eine Lehre verkündigten, die bisher ihresgleichen sucht und deren Ausübung eine ungeheure Macht des Geistes zur Entwicklung bringt. Ausgenommen ist die wahre Lehre Christi, die nur wenigen ganz bekannt ist und die mit der Yoga-Lehre auf gleicher Stufe steht.

Die sieben Grundkräfte des menschlichen Geistes bzw. der Seele sind:

1. Lichtgeist
2. Erkenntnislicht – Verbindung von Lichtgeist und Erkenntnislicht: Gottgedanke
3. Geistbewusstsein – Verbindung von Erkenntnislicht und Geistbewusstsein: Geist-Ich
4. Triebenergie – Verbindung von Geistbewusstsein und Triebenergie: Gedankenelement (gut und böse)
5. Lebensenergie
6. Körperformer (Astralleib)
7. Körper.

Um dem Leser einen bildlichen Begriff von dieser Zusammensetzung der sieben Grundkräfte zu geben, diene folgende Zeichnung:

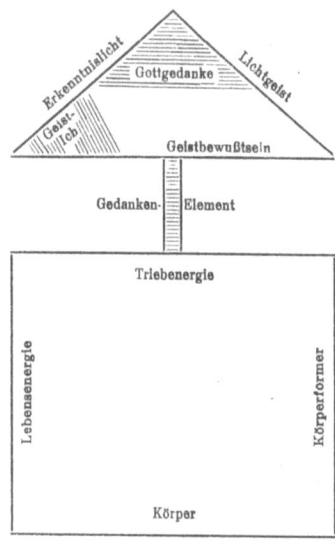

Die zuerst angeführten drei Kräfte bilden zusammen den unsterblichen Geist des Menschen, der ewig war und ewig sein wird.

Die letzten vier Kräfte sind sterblich. Zwar überdauern die erstgenannten Körperformer oder Astralleib, Lebensenergie und Triebenergie den eigentlichen Körper eine erhebliche Zeit. Schließlich aber zerfällt auch der Astralleib und löst sich samt seinen Lebens- und Triebenergien in seine odischen und ätherischen Bestandteile auf.

Zur genaueren Definition der sieben Grundkräfte mögen folgende Erklärungen dienen:

Der Körper mit seinem Aufbau, seinen Muskeln, Knochen, Adern usw. ist dem Leser bekannt. Es bedarf hierfür keiner näheren Erläuterung.

Der Körperformer oder Astralleib muss als der sogenannte Doppelgänger des Menschen bezeichnet werden. Er ist der feine elektro-magnetische Stoff, der die chemischen Teilchen im menschlichen materiellen Leib zu Zellen gestaltet. Der Körperformer ist gewissermaßen das Modell des uns sichtbaren menschlichen Leibes, er ist, um nach H. P. Blavatsky zu sprechen, das ätherische Vorbild oder Doppelbild eines physischen Körpers – der Doppelgänger. Wie schon in verschiedenen Schriften andeutete wurde, kann der Astralleib aus dem materiellen Leib austreten und umherwandern. H. P. Blavatsky lässt sich über den Astralkörper folgendermaßen aus: „Der Astral erhält das Leben aufrecht, er ist der Behälter oder Schwamm des Lebens, der es aus allen umgebenden Naturreichen sammelt und er ist der Vermittler zwischen den Reichen des elektrischen und des physischen Lebens. Daher ist das Linga Cariram (Körperlormer) der Vermittler zwischen Prana (Lebensenergie) und unserem physischen (greifbaren) Körper, und pumpt das Leben ein.

Die Lebensenergie könnte auch – technisch gesprochen – die Lebensbatterie genannt werden. Sie ist der Sitz der Lebenselektrizität, dieses feinen Stoffs, der bisher noch mit keinem Vergrößerungsglas wahrgenommen werden konnte. Er ist das Od, über das Dr. Fritz Quade kürzlich in einer längeren Abhandlung „Odlehre" genannt, geschrieben hat. Es ist der Magnetismus der Magnetiseure, der Lebensodem, den Gott Adam einblies. Die Lebensenergie ist die greifbare Auswirkung des höchsten Lichtgeistes. Sie ist der durch die Lungen eingeatmete und durch den Astralkörper zu organischen Stoffen, zur Nervenspannkraft umgewandelte Sauerstoff. Der Sitz der Lebensenergie im menschlichen Körper liegt zwischen Hirn, Herz und Wirbelsäule. Diese in uns wirkende und treibende Lebensenergie ist auch im ganzen All ausgebreitet. Alles Leben wird durch diese elektrisch geartete Grundkraft erzeugt und erhalten.

Die Triebenergie ist die Blutessenz, jene Energie des Lebens, die in den roten Körperchen des menschlichen Blutes enthalten ist. Sie ist die Quelle aller Leidenschaften und Begierden, aller Süchte und ichliebenden, körperlichen Wünsche. Sie ist vor allen Dingen der Urheber der geschlechtlichen Begierde. In dieser erreicht die Triebenergie ihre heftigste und im Falle mangelnder Beherrschung schädlichste Form.

Die Verbindung der Triebenergie mit dem nächst höheren Geistbewusstsein ist das Gedankenelement. Dieses ist geistig-ätherisch zu denken. Es ist der Urheber der Gehirntätigkeit. es ist die Triebfeder des Verstandesdenkens. Alle Vorstellungsbilder sind aus dem feinen Stoff dieses ätherischen Elements hervorgegangen; über dieses muss der Yoga-Schüler restlose Herrschaft auszuüben vermögen, wenn er auf die höchsten Stufen geistigen Schauens gelangen will. Das Gedankenelement ist der Tätigkeitserreger des Unterbewusstseins.

Das Geistbewusstsein ist das für einen gewöhnlichen Menschen unfassbare Bewusstseinszentrum, aus dem für den Göttlich-Schauenden die übersinnliche Gedankengestaltung entspringt. Praktisch erkennbar ist dieses Geistbewusstsein nur für den erfahrenen Yoga-Praktiker. Unser Verstandesdenken ist nur der dunkle Schalten und höchst unklare Ausdruck dieses Geistbewusstseins.

Die Verbindung des Geistbewusstseins mit dem nächst höheren Erkenntnislicht bildet das Geist-Ich. Es ist der unsterbliche, ewig fortwirkende Teil unseres höheren Selbstes. Es ist die in uns schlummernde ewig göttliche Kraft, die alle anderen Kräfte in uns überschattet. Dieses Geist-Ich offenbart sich dem Menschen, wenn er körperlich und seelisch so weit fortgeschritten ist, dass er dieser Offenbarung würdig ist. Das Geist-Ich ist der Erwecker der prophetischen Seherschaft, der Vision, des bewussten Hellsehens. Die höhere Yoga-Lehre zeigt, auf welche Weise die Riesenkräfte dieses in uns ruhenden Geist-Ichs erweckt werden können.

Das Erkenntnislicht ist das erste Erzeugnis des Lichtgeites. Es spiegelt diesen wieder. Das Erkenntnislicht ist eine im ganzen Weltall ausgebreitete Lichtkraft rein geistiger, überätherischer Natur, die nur durch persönliche Erfahrung wahrgenommen werden kann und die dem Menschen – nach langer Schulung des Geistes und strengster seelischer Zucht – als göttlicher Vernunftfunke zum Bewusstsein kommt. Das Strahlungszentrum des Erkenntnislichtes ist die im Gehirn liegende Zirbeldrüse (beim Durchschnittsmenschen fast gar nicht entwickelt). Durch Yoga-Schulung wird die Tätigkeit dieses geheimnisvollen Organs (des dritten Auges) gesteigert. Durch diese Steigerung tritt die Bewusstseinsklärung des Erkenntnislichts und die innerlich-geistige Erleuchtung ein.

Das Erkenntnislicht bildet mit dem Lichtgeist zusammen den Gottgedanken. Dieser Gottgedanke in uns und im Weltall ist die weltenerzeugende, geistig gestaltende Grundkraft, die alle Formen im großen Universum und im engeren Sinne auf der Erde schöpferisch hervorbringt. Der Gottgedanke ist die verborgene Ursache jeder Höherentwicklung, der stetig fortschreitenden Evolution.

Der Lichtgeist ist das Unendliche Lichtmeer der Gottheit. Blavatsky sagt hierzu: „Atman (Lichtgeist) ist weder dein Geist, noch der meine, sondern scheint gleich dem Sonnenlicht auf alle. Er ist das im ganzen Weltall ausgebreitete Göttliche Prinzip und ist unzertrennlich mit seinem einen und absoluten Lichterzeuger verbunden, wie der Sonnenstrahl untrennbar ist von dem Sonnenlicht". Und Adelmann-Huttula lässt sich über diesen höchsten, göttlichen Begriff folgendermaßen aus: „Atman (Lichtgeist) ist die Quelle, der Ursprung aller übrigen sechs Grundkräfte, er ist die Wurzel alles Bewusstseins und aller Erkenntnis, das Ewig-Unveränderliche. Deshalb ist das Streben des Eingeweihten (Yoga-Suchers) auf Einswerdung mit dieser Höchstschicht kosmischen Bewusstseins gerichtet. Nur auf den Atman (Lichtgeist) setzt der Weise sein Vertrauen. Alles übrige gilt als zeitlich, vergänglich und deshalb als Blendwerk, Täuschung, trügerische Illusion. Der Atman (Lichtgeist) ist das Strebensendziel des vollendeten Yogi; bewusstes Eingehen in die Fülle des Lichtreichs, das Pleroma der Gnostiker ... die unendliche Glückseligkeit".

Um dem angehenden Schüler ein vollständiges Bild der von der Hermetik gelehrten Yoga-Praxis zu geben, bedarf es noch einer Erklärung verschiedener Begriffe, die während der Yoga-Schulung in Erscheinung treten können.

Das Vergeltungsgesetz

ist die Mutter aller im Universum wirkenden Gesetze. In der christlichen Lehre ist es durch das Wort des Heilandes scharf umrissen: „Was der Mensch säet, das wird er ernten". In der indischen Yoga-Lehre wird die Auslegung dieses Gesetzes durch die Lehre vom selbstverursachten Schicksal gekennzeichnet. Das Vergeltungsgesetz ist das Gesetz von Ursache und Wirkung, das im gesamten Universum Geltung besitzt und dessen Wirken sich kein Mensch entziehen kann.

Das Vergeltungsgesetz gilt sowohl für den Einzelnen, als auch für ganze Rassen, Völker und Staatengebilde. Das Verschwinden großer Reiche, der Sturz mächtiger Völker, Revolutionen und Umgestaltungen der Staaten sind sichtbare Wirkungen dieses Gesetzes. Aber auch Krankheiten, Elend und Tod, Überschwang, Freude und Sieg jedes einzelnen Menschen verdanken ihr Entstehen diesem unabänderlichen, gerechten und mit unheimlicher Strenge richtenden Gesetz.

H. P. Blavatsky gibt über das Vergeltungsgesetz. das im Sanskrit Karma genannt wird, folgenden Aufschluss: „Wir betrachten Karma (Vergeltung) als das letztgültige Gesetz des Weltalls, als die Quelle, den Ursprung und die Basis aller anderen Gesetze, die in der Natur existieren. Karma ist das nichtirrende Gesetz, das die Wirkung der Ursache anpasst, und zwar auf den physischen (körperlichen), intellektuellen (seelischen) und spirituellen (geistigen bzw. übersinnlichen) Ebenen des Seins. Da keine Ursache ohne die zugehörige Wirkung, vom Größten bis zum Kleinsten, bleiben kann, von einer kosmischen Störung bis herunter zur Bewegung der Hand, und da gleiches auch gleiches erzeugt, so ist Karma jenes ungesehene und unbekannte Gesetz, welches weise, intelligent und gerecht jede Wirkung ihrer Ursache anpasst, und die letztere auf ihren Erzeuger zurückführt. Obgleich selbst unerkennbar ist seine Wirkungsweise doch wahrnehmbar. Denn wenn wir auch nicht erkennen, was Karma an sich und seiner Wesenheit nach ist, so wissen wir doch, wie es wirkt, und können seine Art der Tätigkeit mit Genauigkeit bestimmen und beschreiben. Nur seine letztgültige Ursache kennen wir nicht, geradeso wie die moderne Philosophie allgemein zugibt, dass die letzte Ursache eines Dings unerkennbar ist."

Die gleiche Verfasserin sagt weiter: „Ganz verwirrt stehen wir vor den Geheimnissen unseres eigenen Tuns und vor den Rätseln des Lebens, die wir nicht lösen wollen, und dann klagen wir die große Sphinx an, dass sie uns verschlingen will. Aber in Wirklichkeit gibt es keinen einzigen Zufall in unserem Leben, keinen Unglückstag, keinen Unfall, der nicht zurückgeführt werden könnte auf irgendeine Tat dieses oder eines anderen Lebens. Die Kenntnis von Karma gibt die Überzeugung, dass, wenn die unterdrückte Tugend und das triumphierende Laster aus den Menschen Gottesleugner macht, dies nur der Fall sein kann, weil die Menschen immer der großen Wahrheit ihre Ohren verschlossen halten, dass sie selbst sowohl ihre eigenen Erlöser als auch ihre eigenen Zerstörer sind; dass sie durchaus nicht den Himmel und die Götter, das Schicksal und die Vorsehung für die anscheinende Ungerechtigkeit, die unter den Menschen herrscht, anzuklagen brauchen. Jede Nation, jeder Stamm der westlichen Arier hatte gleich ihren östlichen Brüdern der fünften Rasse ihr goldenes und eisernes Zeitalter, ihre Periode von verhältnismäßiger Unverantwortlichkeit oder Wahrheitszeitalter der Reinheit, während jetzt verschiedene von ihnen ihre schwarze Zeitperiode erreicht haben, ein Zeitalter, das schwarz von Greueltaten ist. Dieser Zustand wird solange dauern, bis wir anfangen von innen heraus zu handeln, statt immer den Impulsen zu folgen, die von außen an uns herantreten."

Die Lehre vom Vergeltungsgesetz ist demnach für jeden Menschen eine sehr zu beherzigende. Sie zeigt uns, dass unsere Schicksalsgestaltung in unserer eigenen Hand liegt und jedermann seines Glückes Schmied ist. Es ist nichts so verlogen wie der Ausdruck von der Tücke des Schicksals. Das Schicksal ist die Folge des Gesetzes von Ursache und Wirkung. Wir allein können Herr und Meister unserer Lebensgestaltung werden, wenn wir alle unsere Handlungen im Lichte dieser Erkenntnis betrachten und jene danach einrichten. Adelmann-Huttula äußert sich über dieses Thema in folgenden Worten: „So mancher würde sein trübes Schicksal günstiger gestalten, wenn er nur wüsste, wo er den Hebel anzusetzen hat. Die Vergeltungslehre in Verbindung mit dem praktischen Königlichen Yoga zeigt ihm den Weg, klärt ihn über sein eigenes Wesen auf und sagt ihm, was getan werden muss, um den großen Geistesgesetzen des Seins gegenüber die richtige Einstellung zu finden. Zehn Jahre ernsten Strebens genügen, um dem Gesamtkarma eines Menschen eine völlig andere, lichtvolle Richtung zu geben und alle inneren und äußeren Verhältnisse zu ändern.

H. P. Blavatsky sagt: „Sobald sich ein ernster Yoga-Schüler unserer Sache einmal anschließt, Wird er, unsichtbar und sich selbst unbewusst, auf eine ganz andere Ebene gestellt. In seinem Leben gibt es keine bedeutungslosen und geringfügigen Ergebnisse mehr, denn jedes derselben ist ein zweckmäßig eingestelltes Glied in der Kette der Ereignisse, das ihn vorwärts fuhren soll, vorwärts dem goldenen Tore zu".

Jeder Gedanke eines Menschen findet seine Vergeltung, nicht nur seine Taten. Was der Mensch säet (auch in Gedanken), das wird er ernten. Diese Betrachtung fuhrt uns auf die Idee, dass demnach im Weltenall etwas bestehen muss, das alle unsere Gedanken, Gefühle und vollführten Handlungen und gedachten Taten auffängt, aufbewahrt und zu gegebener Zeit als Wirkung gegen oder für uns gebraucht. Dieses *Etwas* ist das

Astrallicht!

Astrallicht heißt eigentlich Sternenlicht. Die moderne Forschung hat festgestellt, dass der große Weltenraum nicht leer ist wie wir uns bisher einbildeten, sondern dass er mit einer überaus feinen Substanz, dem Weltenäther, erfüllt ist. Alle Naturkräfte, z. B. Elektrizität, Magnetismus, Schwerkraft, Lichterscheinung usw., verdanken diesem Weltenäther ihr Entstehen. Die heutigen Physiker nennen ihn den lichttragenden Äther oder auch strahlende Materie. Reichenbach weist in seiner Odlehre nach, dass jeder Mensch, jedes Tier, jede Pflanze und jeder Stein eine charakteristische besondere Ausstrahlung besitzt, die Aura genannt wird und die von geistig Schauenden mit dem bloßen Auge gesehen werden kann.

Jeder Stern, jeder Himmelskörper hat nun seine eigene ätherische Strahlung. Diese wird das Astrallicht genannt. Auch unsere Erde besitzt ein solches. Es umgibt die Luftschicht unseres Planeten und äußert sich durch Elektrizität, Magnetismus usw. Für den Durchschnittsmenschen ist diese Materie nicht wahrnehmbar, jedoch können der hochentwickelte Yogi und der übersinnlich empfindende Mensch diesen Stoff sehen, der als leuchtende, lichtartige Essenz erscheint.

Das Astrallicht besteht aus Stoff, ist also nicht geistig. Aus dem gleichen Material ist auch unser Körperformer oder Astralleib. Das Astrallicht besitzt die Fähigkeit, alle Eindrücke aufzubewahren, d. h. es spielt die Rolle des in der Bibel erwähnten aufzeichnenden Engels. Camille Flammarion, der bekannte Astronom, hat sich über diesen Gegenstand folgendermaßen geäußert: „Das Licht, welches von all diesen Sonnen, jener ungeheueren Menge ausgeht, das Licht, das von all diesen Welten, welche von der Sonne erleuchtet werden, in den Weltenraum zurückstrahlt, fotografiert durch den grenzenlosen Himmel hindurch die vergangenen Jahrhunderte, die Tage, die Augenblicke. Hieraus folgt, dass die Geschichten aller Welten den Weltenraum durchwandern, ohne zu vergehen, und dass alle Ereignisse der Vergangenheit gegenwärtig sind und für immer in dem Busen des Unendlichen leben".

Jeder Gedanke, jedes Gefühl oder jede Handlung, jedes Wort erzeugt also ein Bild im Astrallicht. Da in der Region dieses Lichtes der Begriff von Ort und Zeit nicht besteht, so sind die in ihm enthaltenen Gedanken- und Tatenbilder stets gegenwärtig und können vom schauenden Yoga-Schüler abgelesen werden.

W. Q. Judge, einer der besten Yoga-Kenner des Westens, schreibt: „Die

Durchschnittsmenschen erzeugen beständig, rücksichtslos und leichtfertig diese Ereignisse, so dass sie zum sicheren Auswirken kommen, aber die Yoga-Ausübenden rufen, da sie die Entstehung ihrer Gedanken überwachen, nur solche Bilder hervor, die in Übereinstimmung mit dem göttlichen Gesetze sind. Die Schatten abgeschiedener menschlicher Wesen und Tiere befinden sich ebenfalls dort, daher kann irgend ein Seher oder irgendeine im Trance (Jenseitszustand) befindliche Person in ihm alles sehen, was irgendjemand getan oder gesagt hat, als auch das, was sich ebenso wohl mit irgendjemand zugetragen hat, mit dem er in Verbindung steht. Daher sollte aus dem Wiedergeben vergessener oder unbekannter Worte, Tatsachen oder Ideen nicht auf die Identität abgeschiedener Persönlichkeiten geschlossen werden (wie der frühere Spiritismus es tat), von denen vermutet wird, dass sie speziell von dieser Ebene heraus berichten. Aus dieser Ebene der feinen Materie heraus können die Bildnisse all derer, welche bereits gelebt haben, entnommen und dann auf eine passende magnetisch-elektrische Fläche derart reflektiert (wieder-gespiegelt) werden, dass die Bilder wie die Erscheinungen der Dahingeschiedenen aussehen, wobei all die sinnlichen Eindrücke von Gewicht. Festigkeit- und Ausdehnung hervorgerufen werden können".

Jeder Mensch hat seine eigenen Gedanken-Elementale; diese kann man sich vorstellen als kleine und größere Ätherkugeln, die sich dauernd in großer Menge in der Nähe eines Menschen aufhalten. Die Elementale haben an der Natur des Menschen teil. Da der Gedanke eine Strahlung erzeugt, also eine gewisse elektrisch-magnetische Energiemenge darstellt, so stürzen sich im Augenblick der Erzeugung eines Gedankens mehrere Elementale auf diesen und verbinden sich mit ihm. Damit ist der Gedanke außerhalb des Bereiches der menschlichen Macht. Da wir aber in jedem Augenblick einen Gedanken erzeugen, so erhellt daraus, dass er als Wesenheit gegenwärtig ist. Die Lebensdauer dieser Gedanken-Wesenheit hängt von der Kraft des Gedankens und der Kraft des Elementals, das sich mit ihm verbindet, ab. Dieser Vorgang, der ein geistig-chemikalischer genannt werden könnte, findet seine Anwendung auf alle Gedanken, gleich, ob sie gut oder böse sind. Er steht mit dem Vergeltungsgesetz in enger Verbindung.

Judge sagt hierzu noch: „Das Astrallicht entwickelt und zerstört auch die Formen, vermöge einer ihm innewohnenden Kraft. Es ist der universale Aufzeichner. Sein Hauptzweck ist der eines Werkzeuges für die Tätigkeit der karmischen (Vergeltungs-)Gesetze oder den Fortschritt des Lebensprinzips. Es ist also in einem tiefen geistigen Sinne ein Bindeglied oder Vermittler zwischen dem Menschen und seiner Gottheit – seinem höheren Geiste".

Aber auch die Gedankenübertragung, Suggestion und Hypnose finden im Vorhandensein des Astrallichtes ihre Erklärung. Adelmann-Huttula lässt sich hierüber folgendermaßen aus: „Durch unser Tun und Denken wirken wir, wenn auch unbewusst, beständig auf das Astrallicht ein, und dieses wirkt seinerseits auf unsere Nerven, unser Gehirn, unser Bewusstsein zurück. Durch das Vorhandensein dieses allgegenwärtigen Äthers erklärt es sich auch, dass Gedanken in Form plastischer Substanzen ... von einem Gehirn zum andern übertragen werden, und dass auf dem Wege der Gedankenübertragung ein Mensch den andern beeinflusst, ohne dass der Beeinflusste auch nur ahnt, dass derartige Beeinflussung und Übertragung von Gedanken bzw. Vorstellungsbildern überhaupt möglich sind. So mancher üble Gedanke und schlimme Impuls, der uns tagsüber antreibt, ist gar nicht unser eigenes Erzeugnis, sondern von außen her in unser Bewusstsein hineingeraten. Deshalb sollten wir unser Gedankenleben überwachen und alles Unedle und Unreine aus unserer Gedankensphäre energisch entfernen".

Wie schon erwähnt, ist eines der Ziele des Yoga-Schülers, so zu leben, dass er nur gute Gedanken erzeugt, und dass somit das Vergeltungsgesetz, das vermittels des Astrallichts seine Wirkung ausübt, nur im guten Sinne auf ihn Anwendung findet. Um diese bewusste Höherentwicklung zu erreichen, bedarf es einer strengen Schulung, die in der vollkommenen Beherrschung aller Sinne ihren plastischen Ausdruck findet. Der Yoga-Schüler hat

vier Stufen der Entwicklung

durchzumachen, deren letzte ihn zum Endziel menschlicher Entwicklung, zum bewussten Schauen bringt und ihm als höchstes Ergebnis den Einblick ins Lichtmeer der Gottheit, nach christlichen Begriffen in den siebenten Himmel, gewährt. Immer aber gelte für den Anfänger das Gebot Buddhas: „Bescheide dich und erstrebe nur das, was im Bereich des Möglichen liegt". Das Höchste zu erreichen wird dem Schüler erst nach langer Übungszeit ermöglicht werden. Die höchste Glückseligkeit schon hier auf der Erde wird nur dem zuteil, der göttlich vollkommen geworden ist, der mit Christus sprechen kann: Ich und der Vater sind eins.

Die vier Stufen des Yoga-Lehrgangs sind:

1. Gedankenreinigung, verbunden mit kleiner Konzentration.

2. Beherrschung des Gedankenelements, verbunden mit großer Konzentration und Meditation.
3. Seherschaft und Erleuchtung.
4. Einswerdung mit dem Lichtgeist.

Die Vorstufe der Gedankenreinigung mit der sogenannten kleinen Konzentration ist anfangs eingehender behandelt worden. Es sei hier nur noch eine Klärung des Konzentrationsbegriffes vorgenommen.

Was ist Konzentration?

Konzentration ist die Fähigkeit, einen Gedanken unter Ausschaltung jeglicher Anstrengung – sei sie körperlich oder geistig – festzuhalten und in der eigenen Vorstellung plastisch zu gestalten. Konzentration ist also gesammelte Aufmerksamkeit; der Gehirnwille, d. h. der Oberflächenwille wird völlig zum Schweigen gebracht und an seine Stelle tritt der geistige, innere Wille oder die Vorstellungskraft. Die Autosuggestion Coues ist die Folgeerscheinung einer solchen Konzentration. Adelmann-Huttula definiert den Begriff folgendermaßen: „Konzentration heißt: Zusammenziehung, Zusammenfassung der Kräfte in der Richtung auf ein gegebenes oder gestecktes Strebensziel". Und die Alten deuteten die Konzentration in folgender Weise aus: „Konzentration oder Yoga ist das Verhindern der Veränderungen des Denkprinzips (Gedankenelements)" oder nach einer anderen Übersetzung: „Yoga ist die Unterdrückung der Funktionen des Bewusstseins".

Der Inhalt der „Schule der Seele" von Bruder Ekkehard ist eine vorzügliche Einführung in die Anfangsstadien dieser kleinen Konzentration. Diese muss vor allem darauf gerichtet sein, die

restlose Beherrschung des Gedanken-Elements

zu erreichen. Dieses Gedankenelement ist, wie schon an anderer Stelle gesagt wurde, das in ständiger Bewegung, Umgestaltung und immer neue Sinneseindrücke aufnehmende Etwas, das die Verbindung zwischen dem seelischen Triebkörper und dem Geistbewusstsein darstellt. Bei dem alltäglichen Menschen steht das Geistbewusstsein unter der Herrschaft des Gedankenelements. Erstes Ziel des Yoga-Schülers ist daher, sich des Gedanken-Elements mittels des Geistbewusstseins zu bemächtigen und es vollkommen zu bemeistern. Dies geschieht durch Konzentration. Das

Gehirn ist nur der Empfänger des Gedankenelements. Daraus geht hervor, dass dieses eigene Funktionen besitzt, die unabhängig vom Gehirn und vom Geiste sind.

Gelingt es dem angehenden Yogi, einen konzentrierten Gedanken eine Zeit lang festzuhalten und gegebenen Falls innerlich zu verarbeiten unter Ausschaltung jedes anderen Gedanken, d. h. vermag er es, das Gedankenelement für eine Zeitspanne erstarren zu lassen und auf diese Weise eine Veränderung des Denkprinzips zu verhindern, so ist

die Meditation

erreicht. Ein vorzügliches Hilfsmittel zur Erreichung dieser Meditation durch Konzentration ist die Vornahme systematischer, rhythmischer Atemübungen, auf die später noch besonders hingewiesen werden wird.

Es sei an dieser Stelle eine Anzahl Konzentrations- und Meditationsübungen angegeben, die geeignet sind, dem Anfänger im Yoga die Begriffe der Konzentration und Meditation zu verdeutlichen und ihn in die erste Stufe der hermetischen Praxis einzuführen.

Als

allgemeine Regeln für alle Übungen

mögen gelten:

Setze dich in einem Zimmer, in dem du völlig ungestört bist, auf einen Stuhl oder bequemen Sessel. Entspanne dich, d. h. nimm eine bequeme, schlaffe, dich von jeder Anstrengung befreiende Körperhaltung ein. Der besseren Kontrolle halber prüfe anfangs jedes einzelne deiner Körperglieder auf diesen Zustand der Entspannung hin. Am besten faltest du die Hände, damit ein geschlossener magnetischer Stromkreis in dir entsteht. Achte zuerst darauf, dass du regelmäßig tief ein- und ausatmest. Doch darf dieses Atmen in keiner Weise zur Anstrengung führen. Du brauchst nur von Zeit zu Zeit voll zu atmen, als ob du einen tiefen Seufzer ausstößt. Aber auch, wenn du bemerkst, dass eine gewisse Zerstreuung sich deiner bemächtigt, atme einige Male tief und voll. Ermüdest du oder fühlst du Neigung einzuschlafen, unterbrich die Übung! Wenn möglich nimm zur Vermeidung einer derartigen Ermüdung die Übungen morgens nach dem Aufstehen vor. Jede Übung ist so lange täglich zu wiederholen, bis es dir gelingt, einen Gedanken einige Minuten lang festzuhalten, d. h. deine

Denkmaschine in den beabsichtigten Ruhestand zu versetzen. Dieses Festhalten eines Gedankens wird dir zuerst nur einige Sekunden lang gelingen, mit der dauernden Wiederholung aber wirst du es allmählich auf die genannte Zeit von mehreren Minuten bringen. Hierdurch erreichst du die erste Passivität des Gedankenelements und Aktivität des Geistbewusstseins. Gelingt es dir nicht, deinen Oberflächenwillen bzw. Eigenwillen auszuschalten, flüstere dir selbst einige Minuten lang die Formel zu: Mein Eigenwille höre auf!

Für alle Übungen gilt noch folgendes: Jede Übung wird eingeleitet mit einer Zufluchts- oder Gebetsformel, z. B. „Ich nehme meine Zuflucht zur Bruderschaft der Erlesenen!" Hiermit sprichst du aus, dass du deine Gedanken der Kraftzentrale der Hermetik, zu dem höheren Willen aller Yoga-Praktiker, der im Astrallicht gegenwärtig ist, zuwendest und dass du dich mit allen Yoga-Ausübenden verbunden fühlst. Dieses innige Verbundensein schafft im Geist des Übenden das Hervortreten eines religiösen Bewusstseins, das ihm die konsequente Durchführung seiner Übungen erleichtert. Das Gemeinschaftsgefühl mit allen, die mit dir gleichen Sinnes sind, wächst, das Bruderschaftsbewusstsein erfährt hierdurch eine Stärkung. Du kannst aber auch die Formel aussprechen: Gott ist meine Zuflucht immerdar! Oder: Ich nehme meine Zuflucht zum Lichtgeist. oder: Das Licht Christi möge meinen Geist erfüllen! Sodann schweige mehrere Minuten. Gib dich diesem Schweigen gänzlich hin, empfinde dabei die Allgegenwart des All- oder Lichtgeistes! Hiernach beginne mit der eigentlichen Übung.

Übung 1.

Schneide aus einem Stück Papier ein Dreieck, lege es vor dich auf den Tisch und betrachte es. Konzentriere dich gänzlich auf die geometrische Figur, versuche dich selbst in sie hineinzudenken. Hast du es erreicht, dich mehrere Minuten so hineinzudenken, dass du dich schließlich selbst als Dreieck empfindest und hast du es vermocht, dabei alle anderen Gedanken auszuschalten, gehe über zu

Übung 2.

Zeichne einen talergroßen, schwarzen Punkt auf ein weißes Stück Papier, hänge es an die Wand und konzentriere dich auf die schwarze kreisförmige

Figur. Führe die Übung so lange aus, bis du selbst der Punkt zu sein vermeinst.

Übung 3.

Nimm eine Streichholzschachtel, lege sie vor dich auf einen Tisch. Richte alle deine Gedanken auf die Schachtel, beachte, dass kein anderer Gedanke dazwischen kommt. Denke dich in die Schachtel hinein und empfinde in dir selbst die Form.

Übung 4.

Nimm einen Grashalm, sieh ihn dir genau an. Sodann schließe die Augen und halte das Bild des Grashalms in dir fest. Du musst es soweit bringen, die Vorstellung des Grashalms zwei Minuten aufrecht erhalten zu können ohne dass dich ein anderer Gedanke zwischendurch – und sei es auch nur kurze Zeit, beschäftigt. Ist dir dies Experiment gelungen, lege den Grashalm fort und konzentriere dich auf die Vorstellung des Grashalms mit offenen Augen.

Übung 5.

Nimm eine Blume oder Topfpflanze, stelle sie vor dich hin und betrachte sie etwa fünf Minuten lang. Danach schließe die Augen und sieh zu, wie die Blume auf deiner fotografischen Gedankenplatte aussieht. Entspricht sie völlig der vor dir stehenden Pflanze, kannst du fortfahren, andernfalls hast du die Übung so lange, zu wiederholen, bis das innere Bild dem äußeren vollkommen gleicht. Die Vorstellung muss mindestens 3 Minuten lang ohne jedwede andere Gedankenbeimengung fest gehalten werden. Ist dies gelungen, stelle die Blume beiseite und konzentriere dich mit offenen Augen in die ganze Gestalt der Blume, ohne sie anzusehen. Du musst dich letzten Endes selbst als eine solche fühlen, d. h. du musst empfinden, wie Blütenblätter, Stengel und Blätter aus dir herauswachsen.

Übung 6.

Stelle deine Gedanken ein auf das Wort Strauch. Mit dem Aussprechen dieses Wortes entsteht dir eine Vorstellung. Lass kein anderes Bild dazwischen geraten, halte die Vorstellung des Strauches allein fest. Die Übung ist zuerst mit geschlossenen Augen, dann mit offenen Augen vorzunehmen. Unter keinen Umständen nimm die nächste Übung vor, bevor dir diese nicht restlos gelungen ist, d. h. bis du vermagst, deine Gedanken mindestens drei Minuten auf die Vorstellung eines Strauches zu konzentrieren.

Übung 7.

Konzentriere dich auf die Vorstellung Hund. Tue es zuerst mit geschlossenen, sodann mit geöffneten Augen. Betrachte zuerst das Tier als in ruhender Stellung befindlich. Ist dir das einige Minuten lang gelungen, sieh dir den Hund in Bewegung an. Du darfst jedoch nur die Vorstellung des Hundes haben. Sobald sich ein anderes Bild hinein mengt, ist die Übung nicht gelungen. Wiederhole sie so lange, bis du sie restlos erfüllt hast.

Übung 8.

Denke an einen guten Freund oder Bekannten. Du wirst im Augenblick des Gedenkens eine Vorstellung von ihm besitzen. Schließe die Augen und konzentriere dich auf die Gestalt und das Gesicht deines Freundes, bis du ihn leibhaftig vor dir stehen siehst. So dann halte dieses leibhaftige Bild mindestens fünf Minuten lang ohne Zwischengedanken fest. Ist dir dies gelungen, wiederhole dieselbe Übung mit offenen Augen.

Übung 9.

Konzentriere dich auf einen lieben Verstorbenen. Atme einige Male tief und sprich dabei seinen Namen langsam, ohne jede besondere Betonung aus. Schließe die Augen und wiederhole die Namensnennung des Verstorbenen. Dies tue so lange, bis er greifbar vor deinem inneren Blickfeld steht. Darauf halte diese Vorstellung fünf Minuten lang fest, ohne zu sprechen. Die gleiche Übung wiederhole mit offenen Augen. Die letztere Praxis führe nur so lange aus, bis du den Verstorbenen mit offenen Augen vor dir siehst. Dann brich diese Übung sofort ab, ohne weitere Konzentration oder Meditation. Hüte dich bei dieser Übung, deinen Oberflächenwillen oder deinen Körper oder gar dein Atmungsorgan irgendwie anzustrengen.

Übung 10.

Stelle deine Gedanken auf den Namen Maria ein. Denke dir den Namen in feuriger Schrift am dunklen Nachthimmel stehend. Behalte diese Vorstellung dauernd auf der Spiegelfläche deines Geistes. Atme tief und sprich beim Ausatmen langsam und monoton den genannten Namen aus. Hüte dich, dass die Namensaussprache dir nicht die Vorstellung eines Weibes schafft. Du sollst lediglich das Bild des Namens vor deinen Augen sehen. Ist die Übung mit geschlossenen Augen gelungen, vollführe sie mit offenen Augen.

Übung 11.

Raffe deinen gesamten Gedankenkomplex auf den Begriff der Gesundheit zusammen. Atme etwa zehn mal tief, ohne dich anzustrengen, sodann murmle zehn Minuten lang das Wort Gesundheit. Wichtig ist, dass dir hierbei nicht die Vorstellung eines gesunden Menschen ersteht, sondern es gilt, nur den Begriff festzuhalten. Vollführe diese Übung von Anfang an mit geöffneten Augen.

Übung 12.

Gib dir den konzentrierten Gedanken Licht. Denke dabei aber nicht an die Sonne, sondern nur an das Licht, welches die Sonne verbreitet. Vollführe die Übung am Tage mit geschlossenen, in der Nacht mit offenen Augen. Diese Übung ist erfüllt, wenn es dir gelungen ist, die Vorstellung tiefen, klaren Lichts zehn Minuten lang ohne Zwischenbilder festzuhalten.

Übung 13.

Lenke deine gesammelte Aufmerksamkeit auf das Gedankenelemental. Zu diesem Zweck setze dich tagsüber in einer Weise an das Fenster, dass du ins Licht des Himmels blicken kannst. Bei Nacht verdunkle das Zimmer derart, dass kein Lichtstrahl von der Straße oder Mondlicht eindringen kann. Die Übung muss unter allen Umständen mit völlig geöffneten, möglichst starren Augen durchgeführt werden. Am Tage richte die Augen starr in das Licht (jedoch nicht in die Sonne). Achte darauf, dass du mit deinen Augen nicht etwa Insekten oder den Flug der Vögel verfolgst.

Dadurch, dass du eine gewisse Starre des Blickes herbei führst, wirst du bald wahrnehmen, dass in der Luftschicht ein Loch, oder auch ein Rohr (etwa so groß, wie die Mündung einer großen Kanone) entsteht. In diesem Leerraum wirst du plötzlich eine Unmenge kleiner und größerer Kugeln entdecken, die am Tage ungefähr aussehen, wie bunte Seifenblasen. Diese Kugeln sind in andauernder Bewegung. Viele stürzen auf dich zu, andere gleiten an dir vorüber oder eilen fort. Beobachte diese Gedankenelementale ohne Nebenvorstellung eine Viertelstunde lang. Dann brich die Übung ab. Nachtsüber siehst du die Elementale in Form größerer, leuchtender roter Kugeln. Die Nachtübung ist unter allen Umständen nicht länger als eine Viertelstunde vorzunehmen.

Übung 14.

Setze dich bei dunklem Nachthimmel ans Fenster, jedoch so, dass du einen Teil des Nachthimmels zu erblicken vermagst. Besonders beachte bei dieser Übung, dass du eine Zufluchtsformel etwa fünf Minuten lang in leisem Tonfall (murmelnd) vor dich hin sprichst. Führe danach die Augenstarre herbei und konzentriere dich auf das Astrallicht. Genau wie bei der vorhergehenden Übung wirst du bald inne, dass vor dir ein tatsächlicher Leerraum in der Luft entsteht. Allmählich nimmst du einen sich dauernd und gleichmäßig verstärkenden Lichtschein wahr, der nach etwa einstündiger Konzentration sich zu einer in riesigen Dimensionen und gleißender Feinheit sich ausdehnenden Lichtebene entwickelt. Beginnst du, in diesem Licht größere Bewegungen wahrzunehmen, brich die Übung unvermittelt ab. Ist die Übung bei Nacht gelungen, vollführe sie bei Tageslicht in der gleichen Weise.

Übung 15.

Diese Übung ist genau so einzuleiten wie Übung 14, d. h. Zufluchtsformel sprechen und vollkommene Augenstarre, diese jedoch ohne Anstrengung, herbeiführen. Sodann konzentriere dich auf die Astralebene. Es wird wieder der Leerraum entstehen, der Lichtschein nimmt zu und schließlich wirst du Wahrnehmungen machen, die hier nicht beschrieben werden sollen, die aber so wunderbar sein werden, dass sie dauernd in deinem Gedächtnis haften bleiben.

Die bisher angegebenen Übungen sind in keiner Weise geistiger Natur, sondern beziehen sich im großen ganzen nur auf materielle, wenn zum Schluss auch auf etwas feinstoffliche Dinge. Ist es dem Yoga-Schüler gelungen, die vorangehenden Praktiken restlos zu erfüllen und die Vorstufe der ersten Yogastufe, die Beherrschung aller Triebe zu erreichen, so kann er zur zweiten Stufe des hermetischen Lehrgangs übergehen.

Die Beherrschung des Gedankenelements verbunden mit großen Konzentration und Meditation führt, wie schon der Titel sagt, zur ausdrücklichen und gänzlichen Bemeisterung des Gedankenelements und ist der Pfad zur vollkommenen, wahren Selbsterkenntnis und zur erleuchteten Wahrnehmung unseres Höheren Selbst. Dieses Höhere Selbst wird in seiner potenzierten Gestalt als ein in uns hineinragender Lichtkegel empfunden und erfühlt. Das bedeutet die Erfassung unseres Geist-Ichs, dessen Entstehen an anderer Stelle geschildert worden ist. Während der Großen Konzentration ist das Geistbewusstsein von allen äußeren Dingen, wie die in den vorstehenden Übungen geschilderten, abgelenkt; der Yogi sammelt seine ganze Aufmerksamkeit auf das über ihm stehende und mit ihm verbundene Geist-Ich.

Adelmann-Huttula sagt über die Große Konzentration: „Das Endziel der großen Konzentration besteht im Erreichen der höchsten Vollkommenheit, im Atman-Sein oder Brahman-Sein (Dasein des Lichtgeistes und des Erkenntnislichtes), in der Einswerdung mit der Höchstschicht des kosmischen Bewusstseins, der Allerkenntnis, einem Zustand der Seherschaft, den der Uneingeweihte nur dunkel ahnen kann. Aber bevor der Strebende das erhabene Endziel erreichen kann, muss er die Zwischenstufen dieses Entwicklungsganges verwirklichen, d. h. sein Bestreben muss darauf gerichtet sein, den in ihm schlummernden latenten Genius (das Geist-Ich) zu erwecken und zu entfalten. Nach und nach muss der Yoga-Praktiker die gröberen Partikel seines Körpers (Astralleibes usw.) abstoßen, um sie durch weniger stoffliche zu ersetzen, Dies geschieht dadurch, dass er seine gesamten Lebensenergien auf höhere und geistigere Strebensziele konzentriert. Es wäre natürlich falsch, zu glauben, dass dieses große Ergebnis allein durch ein- oder zweistündige, täglich vorzunehmende Meditation erzielt werden kann, denn während der übrigen zweiundzwanzig Stunden hat der Prozess des Ausscheidens der Atome – der Leidenschaften – und des Ersatzes durch andere keineswegs aufgehört. Es handelt sich vielmehr darum ewige Wachsamkeit zu üben".

Wie diese ewige Wachsamkeit erreicht wird, das heißt, auch die Selbstbeherrschung und Überwachung der eigenen Sinne im Schlaf, ist in den hermetischen Schriften eingehend dargelegt worden.

Die Große Konzentration bedeutet also ununterbrochene Überwachung des inneren Menschen, damit kein bewusster oder unbewusster Gedanke Atome anziehen kann, die für seine Höherentwicklung bzw. Vergeistigung ungeeignet sind. Die führende Energie bei dieser Selbstschulung ist der geistige Wille (nicht zu verwechseln mit bewusstem Eigenwillen).

Die große Konzentration besteht also in dem restlosen Zusammenfassen aller Lebenskräfte und im unerschütterlichen, machtvollen Streben nach dem Ziel der höchsten körperlichen, seelischen und geistig-sittlichen Vollkommenheit unter Anwendung der yogatechnischen Hilfsmittel. Höchstes Ziel ist die Erweckung des Geist-Ichs und die endliche in diesem Leben vollzogene Einswerdung mit dem unendlichen Lichtmeer der Gottheit, dem Erkenntnislicht und dem Lichtgeist.

Es sollen nun an dieser Stelle einige Übungen für die zweite Stufe der yogatechnischen Praxis empfohlen werden. Sie stellen jedoch keine Vorschriften dar, sondern lediglich Anregungen, die den Yoga-Schüler auf dem Pfade der Erkenntnis weiterzubringen vermögen.

Übung 1.

Während einer einleitenden etwa halbstündigen Schweigeübung nimm rhythmische Tiefatmung vor. Achte darauf, dass zwischen jedem vollen Atemzug wenigstens vier bis fünf gewöhnliche Atemzüge liegen. Nach jedem Atemzug sprich das Wort „Aom" mit etwas angezogenem Kinn langsam in dich hinein. Das „m" dieses Wortes Aom halte nach jeder Aussprechung des Wortes mit zusammengepressten Lippen eine zeitlang. als gleichmäßigen Ton in dir schwebend, an. Nach etwa einer halben Stunde wird eine gewisse Resonanz in deinem Kopfe einsetzen. Durch diese hörst du dich selbst nicht als dein Selbst, sondern als eine entfernte Person, doch dabei unheimlich laut sprechen. Die Übung möge bis auf zwei Stunden ausgedehnt werden, jedoch nur, wenn es dem Übenden gelingt, seine sämtlichen Gedanken auszuschalten und sich nur auf das Wort „Aom" zu konzentrieren und es meditationsmäßig festzuhalten, d. h. unter Verdrängung sämtlicher anderen Gedankenbilder. (Aom ist dem Sanskrit entnommen, wird Om geschrieben und bedeutet ungefähr dasselbe wie unser Amen am Ende des Gebetes, das bekanntlich die Bedeutung „Es möge geschehen" hat.)

Übung 2.

Setze dich im Sommer an einem heißen Tage in die Sonne und konzentriere dich auf den Gedanken: Es ist kühl. Die Übung ist erfüllt, wenn du anfängst zu frieren. Desgleichen setze dich im Winter an das geöffnete Fenster und konzentriere dich auf den Gedanken: Es ist warm. Wenn du dich völlig erwärmt fühlst, brich die Übung ab. Es sei bei diesem Exerzitium besonders auf die Durchführung rhythmischen Atmens hingewiesen.

Übung 3.

Schließe die Fenster deines Zimmers und halte den Gedanken Ozonreiche Waldluft fest. Atme tief und voll. Wenn du die erquickende Waldluft tatsächlich riechst, höre auf.

Nimm etwas Salmiakgeist und gieße es auf einen kleinen Teller, den du vor dich hinstellst. Sodann gib dir den konzentrierten Gedanken „Ich rieche nichts". Wenn es dir gelungen ist, keinen anderen Geruch wahrzunehmen als die gewöhnliche Zimmerluft, ist die Übung gelungen.

Während dieser beiden Exerzitien darf dich kein anderer Gedanke auch nur einen Augenblick beschäftigt haben.

Übung 4.

Öffne das Fenster deines Zimmers und sammle dich auf den Gedanken „Ich höre gar nichts". Hast du dein Gehör unter Nichtwahrnehmung irgendeines anderen Vorstellungsbildes so abgestellt, dass du nichts mehr hörst, hat deine Übung Erfolg gehabt.

Übung 5.

Nimm ein leeres, weißes Blatt Papier, hefte es an die Wand, betrachte es schweigend eine Zeitlang und konzentriere deinen Gedanken sodann auf die Vorstellung: „Auf dem Blatt das Bild des gekreuzigten Christus". Gelingt es dir, das Bild des Gekreuzigten eine Viertelstunde lang ohne Unterbrechung auf dem Blatt zu erblicken, kann das Exerzitium als gelungen betrachtet werden.

Übung 6.

Sprich innig die Zufluchtsformel und konzentriere dich unter wiederholten Tiefatmungen auf den Begriff Liebe. Die unveränderte Meditation muss über eine halbe Stunde durchgeführt werden.

Übung 7.

Konzentriere dich unter Einhaltung einer einstündigen Meditation auf den Begriff „Inneres Licht".

Übung 8.

Konzentriere dich auf das Wort Ich.

Übung 9.

Raffe dein gesamtes Denken zusammen auf den Begriff Geist-Ich.

Übung 10.

Richte deine Konzentration unter Einhaltung einer zweistündigen Meditation auf den Gedanken: Höheres Selbst.

Hast du die Meisterschaft in der Beherrschung des Gedanken-Elements erreicht, was beim Durchschnittsmenschen lange Zeit in Anspruch nehmen dürfte, so kannst du übergehen zur dritten Stufe des hermetischen Lehrgangs, der Seherschaft und Erleuchtung. Auf dieser Stufe wird die Erleuchtung zum übersinnlichen, außerweltlichen Schauen, zur wahren Erkenntnis aller Dinge, aller feinstoffigen Gebilde in der gesamten Natur und dem Weltall. Es ist ein Entrückungszustand, aus der göttliche Seherschaft, Prophetie und bewusstes Hellsehen (nicht mediumistisches) geboren wird. Auf dieser Stufe bleibt das persönliche Bewusstsein des Menschen bestehen.

Übungen sollen hierfür nicht aufgeführt werden. Aufschluss und Rat für diesen Lehrgang geben die am Schluss dieser Schrift enthaltenen Leitsätze eines hermetischen Katechismus, die nach dem von Judge übersetzten Yoga-Katechismus des Patanjali bearbeitet worden sind. Die höchste Stufe ist die Einswerdung mit dem Lichtgeist.

Auf dieser Stufe verliert der Yoga-Seher und Meister das Bewusstsein jeder Persönlichkeit. Auch seine eigene nimmt er nicht mehr wahr. Er wird selbst zum All, Allbewusstsein beherrscht ihn. Es ist ein Zustand höchster Göttlichkeit, tiefster Verzückung. Im Neuen Testament haben wir nur ein Beispiel hierfür in der Verklärung Christi. Dieses Einswerden ist das Endziel menschlicher Entwicklung. Sie bedeutet bewusste Einswerdung. mit dem Lichtgeist, dem unendlichen Lichtmeer der Gottheit. Es ist ein Zustand frei von Sünde, Krankheit und Tod. Diesen Zustand kennzeichnet der göttliche Seher Johannes mit den Worten „Sie werden den Tod nicht sehen.

Welchen Zweck verfolgt die Yoga-Praxis?

Die Yoga-Praxis will schon in diesem Leben die Läuterung der Seele und des Geistes erreichen, um die im Allgemeinen sehr lange Entwicklung im Jenseits, d. h. nach dem Tode dem Menschen zu ersparen bzw. sie gänzlich zu vermeiden. Wozu wir hier auf Erden einige Jahrzehnte benötigen, dazu braucht der Verstorbene im jenseitigen Leben viele tausend Jahre. Hat ein Mensch jedoch rein und in strenger Geisteszucht auf Erden gelebt, so gelangt sein auf das Göttliche geschulter Geist sofort in die Gefilde der Seligen, in das Devachan der Indo-Arier, in den Himmel Jesu Christi.

Der Tod.

Über das Sterben sagt ein Yogi-Meister: „Im letzten Augenblick spiegelt sich das ganze Leben in unserer Erinnerung wieder und aus all den vergessenen Winkeln und Eckchen ersteht Bild auf Bild, ein Ereignis nach dem andern. Das Gehirn stellt sorgfältig jeden Eindruck wieder her, der ihm während der ganzen Arbeitszeit dieses Gehirns anvertraut wurde. Der Eindruck oder Gedanke, welcher am stärksten war, wird natürlich jetzt der lebhafteste sein und überlebt sozusagen den ganzen Rest, der nun verblasst und für immer verschwindet, um nur in Devachan (Himmel) wieder zu erscheinen.
Kein Mensch stirbt ohne Bewusstsein. Selbst ein Irrsinniger oder ein im Delirium Sterbender wird im Tode einen Augenblick völliger Klarheit haben, wenn er auch unfähig sein mag, dies den Umstehenden kund zu tun.

38

Der Mensch mag tot scheinen – doch vom letzten Pulsschlag und letzten Pochen des Herzens bis zu dem Augenblick wo der letzte Funke animalischer Wärme den Körper verlässt, denkt das Gehirn und das Ich durchlebt in diesen kurzen Augenblicken noch einmal das ganze vergangene Dasein. Sprecht darum im Flüsterton und beherrscht euch in der Gegenwart des Todes!

W. Q. Judge fügt diesem hinzu: „Der Atem verlässt den Körper und wir sagen, dass der Mensch tot sei, aber das ist nur der Anfang des Todes, sein Fortgang geht in anderen Sphären vor sich. Wenn die äußere Hülle kalt ist und die Augen geschlossen sind, so drängen sich alle Kräfte des Körpers und des Geistes durch das Gehirn, und das ganze, eben beendigte Leben wird durch eine Reihe von Bildern dem inneren Menschen unauslöschlich eingeprägt; nicht nur in allgemeinen Umrissen, sondern bis auf die kleinsten Einzelheiten der zartesten und flüchtigsten Eindrücke. Wenn dieses feierliche Werk vollendet ist, so trennt sich der Astralkörper vom leiblichen, und mit der entflohenen Lebensenergie befinden sich die noch übrigen fünf Prinzipien (Astralleib, Lebensenergie, Triebenergie, Geistbewusstsein, Erkenntnislicht und Lichtgeist) in der Astralebene".

„Die durch den Tod hervorgebrachte natürliche Trennung der Grundkräfte teilt den ganzen Menschen in drei Teile:

1. In den sichtbaren Körper, der mit allen seinen Elementen zur weiteren Zersetzung in der Erdsphäre bleibt.

2. In den Begierdenkörper, der aus dem Astralkörper und den Wünschen und Leidenschaften besteht, und ebenfalls sofort beginnt, sich in der Astralsphäre zu zersetzen.

3. In den wirklichen Menschen, die höhere Dreiheit von Lichtgeist, Erkenntnislicht und Geistbewusstsein, die, unvergänglich, vom Körper befreit und jetzt außerhalb irdischer Bedingungen steht: Sie beginnt im Devachan (Himmel) zu funktionieren."

Die Astralebene ist die schon erwähnte Region, die über der Luftschicht der Erde liegt. Die auf ihr befindlichen Wesen sind nicht den Bedingungen unserer Erde bezüglich Raum und Zeit unterworfen. Sie ist die Sphäre zwischen dem irdischen und dem wahren himmlischen Leben. Die Lehre vom Fege- bzw. Läuterungsfeuer der Katholiken entstammt dieser Tatsache. Durch die ungeheure Kraft unbefriedigter auf Erden nicht erfüllter Wünsche eines Menschen, wird sein göttlicher Geist in seinem Astralkörper zurückgehalten, bis die Wünsche von einem noch auf Erden lebenden Menschen oder von der Seele selbst erfüllt worden sind. Wenn aber der Mensch durch lange, strenge Geisteszucht Reinheit, Liebe und göttliche Kraft erworben hat, so ist die Trennung der Grundkräfte sehr schnell möglich, und dadurch geht die höhere Dreiheit aus der Astralsphäre in die ewige Gottheit, in die Gefilde der Seligen, in die kosmische Kraft Gottes ein.

Die Astralebene ist gebildet aus dem Astralstoff, welcher irdisch und teuflisch ist. Aus diesem Grunde wirken dort alle begierdenhaften und bösen Kräfte, die weder von göttlichem Geist noch vom Gewissen geleitet werden. Sie ist, um mit Judge zu sprechen, sozusagen die Schlackengrube für den großen Lebensofen, der Ort, den die Natur zum Abstreifen von Elementen bestimmt, die im Lichtmeer Gottes keinen Platz haben".

Je nach dem inneren Werte eines Menschen muss er dort verschiedene Abstufungen durchmachen, die ihn jahrtausende lang festhalten und bannen können.

Möge jeder Hermetiker dem Lichtmeer der Gottheit, der tiefen, glückseligen Vereinigung mit Gott zustreben, möge jeder Hermetiker aber auch bei seinen Mitmenschen dafür wirken, dass das große Evangelium, das ewigen Frieden zu bringen geeignet ist, verkündigt werde. Denn jeder ist mitverantwortlich für die Unwissenheit seiner Menschenbrüder. Jeder sorge, dass sein Mitbruder ein Wissender werde, damit das Vergeltungsgesetz sich nicht nur am Einzelnen, sondern auch am ganzen deutschen Volk und letzten Endes an der ganzen, heute im tiefsten Dunkel lebenden Menschheit im günstigen Sinne auswirke.

Liebe ist das höchste Gebot.

Erfülle es ganz, indem du es selbst an dir und deinen Mitmenschen zur Wahrheit machst. Nur strenge, unnachsichtliche Selbsterkenntnis, scharfe Geisteszucht, Entwicklung des geistigen Willens bis zur höchsten Stufe der Gottheit durch Konzentration fuhrt auf diesen steilen, unbequemen aber göttlichen Weg. Er leitet zum Himmel in die ewige, reine

Glückseligkeit.

Bleibe dir dessen in allen Lebenslagen bewusst, lass dir im Schlafen und im Wachen den göttlichen Ruf in den Ohren klingen: „Mache dich auf, und werde licht". Du wirst ein König des Geistes, ein Beherrscher deines Höheren Selbst werden.

Der Leitspruch eines jeden Hermetikers aber sei:
Näher, mein Gott, zu Dir!

*

Leitsätze zu einem
hermetischen Katechismus
bearbeitet nach dem
Yoga-Katechismus des Patanjali.

Konzentrationsmittel.

1. Der praktische Teil der Konzentration ist die durch Buße und Fasten erreichte Abtötung, Gemurmel bzw. Einflüsterung und restlose, voraussetzungslose Hingabe an den höchsten Geist.
2. Dieser Teil der Konzentration verfolgt den Zweck, den Zustand der Gedankenerstarrung (Meditation) herzustellen und auf diese Weise Seelen- schmerzen zu beseitigen.
3. Die Seelenschmerzen, die dem übenden Yoga-Schüler aufsteigen können sind: Unwissenheit, jede Art der Begierde, Abneigung, wie Hass, Zorn, Trotz, Rachsucht usw., und der zähe Hang zum Leben im fleischlichen Körper.
4. Alle ungöttlichen Zustände der menschlichen Seele gehen aus Unwissenheit hervor. Dies gilt für den schlafenden oder wachenden, kranken, leidenden, elenden, für den hemmenden und kleinlichen Ereignissen unterworfenen Zustand.
5. Die Unwissenheit hält das Irdische, das Unreine, Böse und alles was nicht dem göttlichen Geiste entspringt, für gut, selig, rein, ewig und göttlich.
6. Ichsucht ist das Verwechseln seelischer Kräfte mit irdischen.
7. Begierde ist der Hang zu allem Äußerlichen, Sinnlichen, Irdisch-Körperlichen, zu allem, was Vergnügen bereitet und das Verweilen bei ihm.
8. Abneigung ist das Verweilen beim Schmerz.
9. Der zähe Wunsch nach irdischem Dasein wohnt allen empfindenden Wesen inne. Er wird sowohl von dem Weisen als auch dem Irdisch-Gesinnten empfunden.
10. Seelenschmerzen sind, für den Fall, dass sie feinerer Natur sind,

durch die Hervorrufung eines entgegengesetzten Gemütszustandes zu vermeiden. Jeder Gedanke der Selbstsucht möge durch jenen der Liebe verdrängt werden.

11. Wenn die Seelenschmerzen das Gedanken-Element derartig in Anspruch nehmen, dass man sich nicht von ihnen lösen kann, d. h., dass sie sich der Aufmerksamkeit unausgesetzt aufdrängen, so versuche man, sie durch Meditation zum Schweigen zu bringen. Das geschieht durch beständiges, unausgesetztes Erzeugen eines entgegenstehenden Gedankens, Durch dieses Verfahren wird das Gedanken-Element eine Zeit lang völlig zur Ruhe gebracht und niedergehalten.

12. Die Ergebnisse des Vergeltungsgesetzes sind Freudens- oder Leidenszustände. Diese beiden Zustände verdanken ihr Entstehen einer früher begangenen Handlung, stehen also in ursächlichem Zusammenhang mit einer guten oder bösen Tat.

13. Für den Menschen, der die Vollkommenheit geistiger Entwicklung erlangt hat, sind alle weltlichen Dinge, gleich welcher Art, Belästigungen, weil jede Gemütsveränderung, hervorgerufen durch dauernde Tätigkeit des Gedanken-Elements, dem Erreichen des höchsten Zustandes zuwiderläuft.

14. Der Yoga-Schüler muss unter allen Umständen seine Gedankenum- oder -einstellung so vornehmen, dass er jedem Ereignis mit Ruhe und Gleichmut entgegensehen kann, dass ihm nichts mehr Schmerz zu bereiten vermag, im Falle ein Ereignis eintritt, das dem Durchschnittsmenschen Schmerz bereiten würde. Zweifel und Furchtempfinden etwaigen zukünftigen Ereignissen gegenüber, sind eines Yogis nicht würdig.

15. Aus der Tatsache, dass das Geist-Ich im menschlichen Körper mit dem Gedanken-Element und infolgedessen mit dem ganzen Begierdenkörper verbunden ist, folgt die mangelnde Kraft der Unterscheidung, woraus sich falsche Auffassungen von Pflichten und Verantwortlichkeiten ergeben. Diese nicht erkannte Tatsache führt zu bösen, nachteiligen Handlungen, durch die kraft des Vergeltungsgesetzes, unvermeidlich Leid für die Zukunft erzeugt wird.

16. Die Welt mit ihren für uns sichtbaren und unsichtbaren Dingen ist aus Reinheit, Begierde und Gleichgültigkeit zusammengesetzt. Sie besteht nur um der Erfahrung und Befreiung des Höheren Selbst

willen. (Lichtgeist, Erkenntnislicht und Geistbewusstsein.)

17. Der Lichtgeist ist der Alldurchdringer. Er ist das reine, einfache Schauen selbst, unveränderlich und sieht alle Gedanken.

18. Allein um des höheren Geistes willen besteht das Weltall.

19. Um den Zustand des Gebundenseins an alles Grobstoffliche (Nichtgeistige) aufheben zu können, ist die Aufrechterhaltung einer vollkommenen, unterscheidenden Erkenntnis eine unbedingte Notwendigkeit.

20. Die vollkommene, unterscheidende Erkenntnis besitzt nur derjenige, der bis zur höchsten Stufe der Entwicklung und Meditation gelangt ist, d. h bis zur Einswerdung mit dem Lichtmeer der Gottheit.

21. Die sieben Arten der vollkommenen Erkenntnis bestehen aus:
    1. Allerkennen,
    2. Es bleibt nichts, was zu erkennen wäre.
    3. Überwundene Seelenschmerzen.
    4. Die völlige Erkenntnis der Unterschiede zwischen Lichtgeist und Erkenntnislicht.
    5. Die Erreichung des Endziels des Erkenntnislichts.
    6. Die Besiegung der drei Grundeigenschaften der Natur.
    7. Die Vollendung höchster Meditation.

22. Bis diese vollkommene, unterscheidende Erkenntnis erreicht ist, ergibt sich aus den Übungen, welche der Konzentration förderlich sind, eine mehr oder weniger glänzende Erleuchtung, welche alles Unreine entfernt.

23. Die Übungen, welche der Konzentration förderlich sind, sind acht an Zahl: Enthaltsamkeit, religiöse Gebräuche, Körperstellungen, Anhalten des Atems, Zurückhaltung (Schweigen), Aufmerksamkeit, Betrachtung und Meditation.

24. Enthaltsamkeit besteht im Nicht-Töten, Nicht-Lügen, Nicht-Stehlen, Keuschheit und Nicht-Begehren.

25. Religiöse Gebräuche sind: Läuterung des Gemüts, Reinerhaltung des Körpers, Zufriedenheit, freiwilliges und gern ausgeführtes Fasten, unhörbares Murmeln, Schweigen und andauernde Hingabe an den höchsten Geist.

26. Um fragwürdige und als nicht gut erkannte Dinge aus dem Bewusstsein zu entfernen, ist das Hervorrufen entgegengesetzter Dinge von großem Nutzen.

27. Wenn Harmlosigkeit und Güte mittels Ausbildung einer erleuchteten Seele im Yoga-Schüler erreicht sind, so gehe er zu der strikten Ausübung des Gebotes über: Liebe deinen Nächsten wie dich selbst! Dazu gehört das Ausschalten jedes feindseligen Gefühls.

28. Wenn Keuschheit vollkommen geworden ist (vor allem in Gedanken) tritt ein Zuwachs an Stärke in Körper und Gemüt ein.

29. Unter Austilgung des Begehrens muss auch die Austilgung des Verlangens nach angenehmen Verhältnissen auf Erden und letzten Endes des irdischen Daseins überhaupt verstanden werden.

30. Durch die Reinigung von Gemüt und Körper bildet der Yoga-Schüler die Eigenschaften der Güte, Aufmerksamkeit, Unterwerfung der Sinne sowie die Möglichkeit einer forschenden Betrachtungsweise aus.

31. Durch Genügsamkeit in ihrer Vollendung erwirbt der Yogi höchste Glückseligkeit.

32. Durch richtig ausgesprochene Zufluchtsformeln (Gebete) werden die höheren für den gewöhnlichen Menschen nicht Sichtbaren Naturmächte veranlasst sich dem Schauen des Yogi zu offenbaren. Die Zufluchtsformel gelte aber stets nur einer Naturmacht, da es nicht möglich ist, alle Mächte auf einmal anzurufen.

33. Vollkommene Meditation entsteht aus beharrlicher Hingabe an den höchsten Geist.

34. Die von einem Yoga-Schüler angenommene Körperstellung muss beständig und angenehm sein. Das heißt, es ist völlige Körperbeherrschung usw. herbeizuführen.

35. Der richtige Yoga-Schüler wird keine Gegensätze mehr empfinden, er fühlt weder Hitze noch Kälte, Hunger noch Sättigung, empfindet weder Tag noch Nacht, hat kein Verlangen nach Armut oder Reichtum, Freiheit noch Knechtschaft, Freude noch Schmerz.

36. Der Yoga-Schüler hat eine Regulierung des Atems, d. h. die Einrichtung rhythmischer Tiefatmungen vorzunehmen. Zwischen Ein- und Ausatmen ist stets ein kurzes Anhalten des Atems durchzuführen.

37. Die Tiefatmungen sind stets nur kürzere Zeit vorzunehmen. Zwischen jeder Atmungsperiode folge eine an Zeit gleich lange Ruheperiode der Tiefatmung. d. h. es ist bei dem im gewöhnlichen Leben gebräuchlichen Atmungsvorgang zu belassen.

38. Mittels dieser Atmung wird die Verdunkelung des Bewusstseins, die dem Einfluss des Körpers entstammt, entfernt.
39. Man atme mit dem Unterleib, also nicht nur mit der Brust.
40. Der Strebende muss fähig werden, Veränderungen des Denkprinzips durch sinnliche Eindrücke zu verhindern. Auf den höheren Stufen wird der geistige Wille sogar so mächtig, dass er die restlose Beherrschung der Sinne ermöglicht. (Siehe Übungen Stufe 21) So u. a. muss das Gehör abgestellt werden können.
41. Hieraus geht eine völlige Unterwerfung der Sinne hervor.

Konzentration.

1. Konzentration ist das Verhindern der Veränderungen des Gedanken-Elements.
2. Zur Zeit der Konzentration verharrt die Seele in dem Zustand eines Zuschauers ohne Schauspiel.
3. Es gibt fünferlei Veränderungen des Gemüts: Richtiges Erkennen, falsche Auffassung, Phantasie, Schlaf und Gedächtnis.
4. Richtiges Erkennen ist das Ergebnis einer Wahrnehmung, verbunden mit der im Innern vorgenommenen Folgerung und des dadurch hervorgerufenen Beweises.
5. Falsche Auffassung ist ein irrtümlicher Begriff, der aus Mangel an richtiger Erkenntnis hervorgeht.
6. Phantasie ist ein jeder realen Grundlage barer Begriff, der auf einer nur durch Worte bzw. äußere Begriffe und Anschauungsbilder vermittelten Erkenntnis beruht.
7. Das innere Festhalten eines Gegenstandes oder eines Vorgangs wird Gedächtnis genannt. Je stärker wir uns für einen Gegenstand interessieren, umso mehr und tiefer gräbt er sich in unser Gedächtnis ein.
8. Das Verhindern der bereits erwähnten Veränderungen des Gemüts muss durch Übung und Leidenschaftslosigkeit bewirkt werden.
9. Die wiederholte und ununterbrochene Anstrengung, die der Erstarrung des Gedanken-Elements gilt, ist eine Übung.
10. Leidenschaftslosigkeit besteht in der vollendeten und beendigten Überwindung aller Begierden.
11. Die aufs äußerste durchgeführte Leidenschaftslosigkeit erzeugt den seelischen Gleichmut und die Erkenntnis, dass unser Höheres

Selbst ein von allen anderen Dingen Getrenntes und Verschiedenes ist.

12. Bei der Meditationsübung derer, die so weit gekommen sind, ihren eigenen, reinen, göttlichen Geist von allen anderen Energien im menschlichen Körper zu unterscheiden, geht Glaube, geistiger Wille und auf einen Punkt gespannte Aufmerksamkeit voraus sowie eine scharfumrissene Urteilskraft, bzw. Unterscheidung dessen, was innerlich erkannt werden muss.

13. Der Zustand abstrakter Meditation kann durch Hefe Hingabe an den Lichtgeist, jedoch nur in, der in unserem eigenen Innern fassbaren Offenbarung als Geist-Ich erreicht werden.

14. Das Geist-Ich ist ein von Sorgen, Werken, Früchten der Werke oder Wünschen unberührter Geist.

15. Die Hindernisse, die sich der Erreichung der Konzentration in den Weg stellen, sind Krankheit, Abgespanntheit, Zweifel, Unachtsamkeit, Trägheit, Hinneigung zu Sinnesgegenständen. irrtümliche Wahrnehmung, Misserfolg beim Streben nach irgendeiner Stufe der Abstraktion und Unbeständigkeit in irgendeinem Stadium, wenn es erlangt ist.

16. Durch die Ausübung von Wohlwollen, Nachsicht, Gefälligsein und durch Nichtbeachten von Glücksfällen und Kummer bei sich selbst und Tugend und Laster bei anderen wird das Gemüt gereinigt. Denn Habsucht und Widerwille sind geeignet, das Denkprinzip zu zerstreuen.

17. Zerstreuung kann durch eine geregelte Beherrschung des Atems beim Einatmen, Atemanhalten und Ausatmen bekämpft und niedergerungen werden.

18. Ein Hilfsmittel zur Erlangung von Konzentration bildet die Fixierung irgendeines durch unsere Augen wahrgenommenen Punktes.

19. Ein weiteres Hilfsmittel bildet der festgelegte Gedanke an einen ideal reinen Charakter (z. B. Christus). Bedingung zur Ergreifung dieses Hilfsmittels ist jedoch die beendete Läuterung des Gemüts von Leidenschaften jeder Art.

20. Auch das intensive Nachdenken über eine im Traum erlangte Erkenntnis ist ein Hilfsmittel zur Konzentration.

21. Der Lernende, dessen Gemüt auf diese Weise gefestigt wird, erlangt eine Meisterschaft, die sich vom Atom bis zum

Unendlichen ausdehnt.

22. Ist das Bewusstsein des Yoga-Schülers so geschult, dass gewöhnliche Veränderungen des Gedankenelements nicht mehr eintreten, sondern dass es ihm gelingt, die bewusst vorgenommene innere Betrachtung starr festzuhalten, so entsteht die plastische Vorstellung.

23. Diese Umwandlung des Gemüts in ein Ebenbild dessen, das der Gegenstand des Nachdenkens war, wird technisch der schlussfolgernde Zustand genannt, wenn der Name dieses Gegenstandes, die Bedeutung und Anwendung jenes Namens und die abstrakte Erkenntnis der Eigenschaften und Elemente des Gegenstandes an sich irgendeine Vermischung eingehen.

24. Wenn aber Name und Bedeutung des für die Meditation ausgewählten Gegenstandes von der Ebene der Betrachtung verschwinden, wenn das abstrakte Ding selbst, frei von Unterscheidung durch Bezeichnung, sich dem Gemüt lediglich als eine Einheit darbietet, so ist dies ein nicht schlussfolgernder Zustand der Meditation.

25. Jene Meditation, welche auf einen feinstofflichen Gegenstand gerichtet ist, endet beim unauflöslichen Element, Urstoff genannt.

26. Ist durch Erwerb des nichtüberlegenden. nicht verstandesmäßigen (sondern bloßgelegten unterbewussten) Zustands göttliche Weisheit erreicht, so besteht hochgeistige Klarheit.

27. In diesem Fall besteht dann jene Erkenntnis, die absolut von Irrtum frei ist.

28. Diese Art der Erkenntnis unterscheidet sich von dem Wissen, das auf Beweis und Schlussfolgerung beruht, dadurch, dass im Verfolge der auf Beweis und Schlussfolgerung gegründeten Erkenntnis, das intellektuelle Bewusstsein viele Einzelheiten zu betrachten hat und sich mit dem allgemeinen Felde der Erkenntnis selbst nicht befasst.

29. Die hieraus hervorragende, selbst wiedererzeugende Gedankenfolge bringt alle anderen Gedankenfolgen zum Stillstand.

30. Diese Gedankenfolge selbst mit nur einem Gegenstand, kann ebenfalls zum Stillstand gebracht werden. In diesem Falle ist der Gegenstand von der Bewusstseinsebene verschwunden und besteht nur noch als fortschreitendes Denken auf einer höheren Ebene.

Meditation und höherer Zustand.

1. Im Zustande der Meditation besitzt das Gedanken-Element einen aus- geglichenen Fluss, mit anderen Worten: Die Gedankenstarre erzeugt ein ruhiges Fließen der im Gedanken-Element enthaltenen ätherischen Stoffe.

2. Wenn das Bewusstsein die Neigung zur Betrachtung verschiedener Dinge überwunden und völlig bemeistert hat und sich einem einzigen Gegenstand ausschließlich und gespannt zuwendet, so gilt die Meditation als erreicht. Die vollkommene Vernichtung der Vielgeschäftigkeit des Gedanken-Elements ist also Meditation.

3. Die Eigenschaften eines sich dem Bewusstsein darbietenden Gegenstandes sind: 1. Dinge, die betrachtet und wieder fallen gelassen sind, 2. solche, die in Erwägung gezogen worden sind, 3. dasjenige Etwas, das unserer verstandesmäßigen Aufnahmefähigkeit entgeht, wofür wir also keine Bezeichnung haben. Es ist allen Stoffen gemeinsam und könnte die Mutter-substanz des Äthers genannt werden.
Adelmann-Huttula erklärt es folgendermaßen: Die allem zugrunde liegende Substanz ist der Urstoff, den wir uns als ein ätherisches Etwas vorstellen müssen. Die moderne Physik lehrt, dass die konkrete Materie eigentlich nichts anderes als geronnene Elektrizität sei und letztere gilt als eine Modifikation des Weltäthers. Letztere ist die Muttersubstanz des Äthers.

4. Erkenntnis vergangener und zukünftiger Ereignisse überkommen den (auf höheren Stufen befindlichen) Yogi durch seine Betrachtung hinsichtlich der drei obengenannten Veränderungen des Gedanken-Elements.

5. Die Natur des Gedanken-Elements einer anderen Person wird dem auf hohen Stufen stehenden Yogi erkennbar, wenn er sein eigenes Bewusstsein auf diese Person konzentriert.

6. Die durch den hochstehenden Yogi ausgeübte Konzentration auf die menschliche Form, vermag das Verschwinden seiner eigenen körperlichen Form aus dem Gesichtskreis anderer zu veranlassen. Dies geschieht durch Entziehen der Leuchtkraft des dem anderen gehörenden Auges, so dass letzterer Person ein zum Erblicken des ausübenden Yogi notwendiges Seh-Element abgeschnitten wird. Da das Erkenntnislicht auch als negativ-passive Strömung durch den

Rückenmarkskanal fließt, so vermag der hochstehende Yogi diese Strömung umzupolarisieren, so dass diese positiv-aktiv und der Ausübende befähigt wird, die Schwingungszustände des ihn umgebenden Äthers zu verändern. Da wir alle Dinge nur auf Grund der von diesen zurückgeworfenen Ätherkugelwellen erblicken, so ist diese Art der Unsichtbarmachung möglich. (Beispiele sind im Neuen Testament genügend zu finden. Die Stillung des Sturms durch Christus dürfte hierdurch ihre Erklärung finden.)

7. Durch meditative Betrachtung kann der hochstehende Yogi alle Sinnesorgane (Geschmack, Geruch, Gehör, Gefühl, Gesicht) bei sich selbst und bei anderen, ganz nach seinem Willen zum Aufhören bzw. zum Beherrschen bringen.

8. Der Yoga-Schüler kann durch die Konzentration auf die Tätigkeit seines Vorempfindens der Schlussfolgerung und seines Nichtvorempfindens dieser Folgerung die Erkenntnis bezüglich der Zeit seines Todes erlangen. Der Yogi vermag auf Grund des Vergeltungsgesetzes die Folgen der von ihm ausgeführten Handlungen zu errechnen und danach die genaue Länge seines Lebens richtig zu bestimmen.

9. Durch Ausübung der Konzentration auf Güte, Liebe, Sanftmut, Gefälligkeit und Uneigennützigkeit wird der hochstehende Yoga-Schüler fähig, die Freundschaft derjenigen Personen zu erlangen, nach denen er Verlangen trägt.

10. Durch Ausübung der Konzentration auf die Mächte der Elemente oder des Tierreichs wird der Yogi fähig, diese in sich selbst zu offenbaren.

11. Durch die Konzentration seines Bewusstseins auf winzige, verborgene und weit entfernte Gegenstände in jedem Gebiet der Natur erwirbt der hochstehende Yogi die Erkenntnis derselben.

12. Durch Konzentration seines Bewusstseins auf die Sonne erwirbt der Yogi eine Erkenntnis hinsichtlich aller Sphären zwischen Erde und Sonne.

13. Durch Konzentration seines Bewusstseins auf das Licht im Kopfe (siehe Übungen in „Schule der Seele"), erlangt der Yogi die Macht, göttliche Wesenheiten zu erschauen.

14. Durch Konzentration auf das unter dem Herzen liegende Sonnengeflecht (Nervensystem) vermag der hochstehende Yogi die Gemütszustände, Absichten und Gedanken anderer zu erkennen.

Gleicherweise erwirbt er ein genaues Verständnis seines eigenen Gemütszustandes.

15. Konzentriert sich der Yoga-Schüler auf die von allen Erfahrungen, materiellen Dingen und vom Verstand abgesonderte und streng getrennte Natur des ihn überschattenden Lichtgeistes, so gewinnt er eine Erkenntnis der wahren Natur dieses Geistes.

16. Durch die angeführte besondere Art der Konzentration gewinnt der Yogi eine bleibende Erkenntnis hinsichtlich aller Dinge, seien es die in unserem Körper befindlichen Dinge oder andere.

17. Wer beim Gewinnen dieser Erkenntnis Verwunderung oder Freude äußert, wird diese als Hindernis empfinden. Dem vollkommenen Yogi wird aber auch diese Freude kein Hindernis bereiten.

18. Durch Konzentration seines Bewusstseins auf die im All und im eigenen Geiste vorhandene göttliche Lebensenergie (nicht zu verwechseln mit der Lebensenergie des niederen Körpers, erwirbt der Yogi die Macht, sich aus Wasser, Erde oder einem über ihm liegenden Stoff zu erheben. (Beispiel: Christus auf dem Meere wandelnd.)

19. Durch Konzentration seines Bewusstseins auf diese Lebenskraft (eine Art mystischer Hingabe und Verschmelzung mit der kosmischen Urkraft) vermag der höchststehende Yogi als wie von strahlendem Lichte umgeben zu erscheinen.

20. Verbindet der Hochstehende durch Konzentration seines Bewusstseins auf sein Gehör sich mit dem Lichtäther, so macht er sich allen Tönen, Klänge oder Lauten (Runen) offen, gleich, ob diese auf der Erde oder im Äther, ob fern oder nah schwingen.

21. Durch Konzentration seines Bewusstseins auf den menschlichen Körper, seiner Konsistenz und deren Beziehungen zu Luft und Raum kann der Yogi derartige Wirkungen erzielen, dass das Gesetz der Schwerkraft aufgehoben erscheint (Levitation).

22. Durch Konzentration auf die Herrschaft seiner Organe über die Elemente kann sich der hochstehende Yogi mit der Schnelligkeit des Gedankens von einem Ort zum andern bewegen. Diese Art der Bewegung erfolgt mittels des höheren Astralkörpers. (Eine Art von Zusammenwirken des Astrals mit dem Gedankenkörper.)

Das goldene Blatt der Weisheit
Seila Orienta/Franz Bardon

Zum ersten Mal in der okkulten Literatur wird die 4. Tarotkarte des Hermes Trismegistos verständlich beschrieben und offengelegt. Sie beinhaltet unbekannte Konzentrations- und Meditationsübungen. Des Weiteren gibt sie Hinweise und erklärt die Unterschiede zwischen Magie und Mystik und Gefahren des einseitigen Weges. Am Ende steht die Verbindung mit der universellen Gottheit, dem Herrn der Sonnensphäre, welcher quabbalistisch „Metatron" genannt wird.

*

5. Tarotkarte – Mysterien des Steins der Weisen
Seila Orienta/Franz Bardon

Dieses Buch stellt die Vorderseite der Alchemie dar, die die einzelnen praktischen Übungsschritte erklärt, ohne die verschlüsselten Mystifikationen der alten Alchemisten auch nur annähernd zu erwähnen, wie man es aus den anderen Büchern des Franz Bardon kennt. Es wird erklärt, dass ohne vollkommene Beherrschung der 4 Elemente keine Alchemie möglich ist. Des Weiteren wird mit den einzelnen Ebenen, mit den Matrizen, dem elektromagnetischen Fluid usw. gearbeitet. Doch den Hauptpunkt stellen die göttlichen Eigenschaften wie z. B. die Allmacht dar, mit denen der Göttliche Stein der Weisen durch gewisse Übungen geladen wird.

*

Talismanologie und Mantramkunde
Seila Orienta/Franz Bardon

Zum ersten Mal werden hier (magisch) geladene Mantrams – Gebetssätze – preisgegeben, welche bei nötiger Reife, Ausgeglichenheit und Reinheit durchdringende Erfolge versprechen. Mantrams sind ja nach Bardon nicht irgendwelche „Suggestionssätze", sondern sie sind Ideenausdrücke, mit denen man mit Mächten, Kräften, Eigenschaften, also Gottheiten, in Verbindung kommen kann. Gleichzeitig werden die dazugehörigen Siegelzeichen der göttlichen Ideen preisgegeben, welche im rituellen

Zusammenhang mit den Mantrams stehen. Ein Buch, das nicht nur die Hermetiker, sondern auch die Anhänger der Yogawissenschaften inspirieren wird!

*

Eine Sammlung der schönsten und lehrreichsten Beschwörungsgeschichten
Hohenstätten

Dieses Buch ist einzigartig, denn es zeigt den zweiten Band von Franz Bardon an Hand von interessanten Evokationsberichten, die genau das bestätigen, was Bardon in seinem Buch geschrieben hat, und noch darüber hinaus. Es werden sensationelle Erlebnisse geschildert, die man sonst niemals findet. Auch aus unveröffentlichten Schriften wird zitiert.

*

Verkörperungen des Meister Arion
Hohenstätten

Man wird beim Lesen dieses Buches nicht glauben, wie viele bekannte und unbekannte Inkarnationen Franz Bardon hatte. Die paar, die im „Frabato" bekannt gegeben wurden, stellen nur einen geringen Teil seiner Verkörperungen dar. Wir mussten, da es dermaßen wenig Literatur über die Verkörperungen gab, wieder Hunderte und Aberhunderte von Büchern, Aufsätzen, Zeitschriften und Artikeln durcharbeiten, bis wir genügend Material für dieses Buch hatten. Aber der Leser wird sich beim Lesen sicherlich über unsere Arbeit freuen, denn sie wird ihn in Erstaunen versetzen!

*

Shamballa, der goldene Tempel des Lichts
Hohenstätten

Dieser Tempel dürfte jeden Leser von Bardons Roman „Frabato" fasziniert haben. Dass es aber in der okkulten Literatur noch viel mehr Informationen darüber gibt, die man aber nur findet, wenn man alles Veröffentlichte gelesen hat, dürfte dem einen oder anderen unbekannt sein. Es wurden wieder ganze Stöße von Büchern durchgesehen und das Ergebnis wird hier veröffentlicht. Es wird aber gleichzeitig darauf hingewiesen, wie viel Schundliteratur es darüber gibt, wie viel Lügen im Umlauf sind, damit sich der Schüler der Hermetik ein klares Bild machen kann. Wir bringen in diesem Buch alles, was wir an Material darüber gefunden haben, und es wird auch noch einiges aus der eigenen Erfahrung, was das Wertvollste ist, mitgeteilt. Nicht nur über den Tempel wird berichtet, sondern auch über die damit verbundene „Bruderschaft des Lichts", deren Sitz er darstellt.

*

Auf der Suche nach Meister Arion
Hohenstätten

Diese Autobiographie eines Schülers der Hermetik des Franz Bardon schildert sein magisches Leben, in welchem zahlreiche Erfahrungen zu den Übungen aus dem Adepten geschildert werden, die die Hauptperson selbst erlebt hat. Es wird der schwere Weg des Adepten aus autobiographischer Sicht gezeigt, seine vielen Tiefschläge, aber auch seine glanzvollen Seiten und Zeiten. Der harte Kampf mit dem Seelenspiegel wird bis in alle Einzelheiten aufgezeigt, genauso wie die vielen anderen Wege, in welche der Autor reinschnupperte, um dadurch reichlich Erfahrung sammeln zu können. Darüber hinaus enthält es unzählige Erfahrungen und Berichte betreffs Mantramistik nach Bardon, die wahre Runenmagie, zahlreiche Evokationen sowie Invokationen mit seinem Lehrer Anion, einen magischen Exorzismus, wie er bisher noch nie öffentlich geschildert wurde. Mentalreisen, Beeinflussungen, Übungen zur Gottverbundenheit, Erscheinungen, Alchemie, Heilungen mit den verschiedensten magischen Methoden z. B. Quabbalah oder durch die Elemente, Schutzgeistevokationen und viele andere magische „Wunder" seines Freundes und Lehrers Anion. Auch einige magische Fotos in Farbe, ein bisher von Bardon unveröffentlichtes Akashafoto von Christus und ein Bild des schwebenden Meister Arion werden in diesem Buch preisgegeben. Der Inhalt ist viel reichlicher, als hier kurz beschrieben werden kann.

*

Magisches Gleichgewicht
Hohenstätten

Dieses Buch zeigt eindeutig, dass in allen anderen Systemen das „Gleichgewicht" genauso gebraucht wird, wie bei Bardons Werken. Er war nicht der Einzige, der das erwähnte, aber er war der erste, der es deutlich erklärte, denn die anderen Systeme sprachen nur durch das Symbol, welches nicht jedem Leser verständlich war. Obendrein bringen wir noch Unveröffentlichtes vom Meister Arion zu dieser Grundlage der magischen

Entwicklung.

*

Das Leben und die Erfahrungen eines wahren Hermetikers
Seila Orienta

Diese Autobiographie eines Magiers ist unübertroffen, denn bis jetzt hat kein einziger okkult Geschulter so offen und ehrlich gesprochen wie Seila Orienta. Er gibt in diesem Werk sein Leben bekannt, sowie seine zahlreichen und äußerst interessanten Erlebnisse und Erfahrungen. Es werden auch zum ersten Mal Fotos von Wesen der Sphären gezeigt, welche Franz Bardon höchstpersönlich in den 1920ern gemacht hat. Des Weiteren schreibt Seila Orienta über die Sphären, über Dämonen, Logenkontakte und vieles, vieles mehr, was einem ehrlich strebenden Hermetiker das Herz übergehen lassen wird.

*

Das Leben des Franz Bardon
Hohenstätten

Dieses Buch beschreibt das Leben des Meisters außerhalb des Frabatos, welches seine Sekretärin – Otti V. – geschrieben hat. Es beinhaltet Erklärungen zu seiner „Biografie", weitere Einzelheiten über den Kampf mit der FOGC, seine Beziehung zu Wilhelm Quintscher und anderen Okkultisten, was alles bisher unbekannt war! Des Weiteren werden viele Erlebnisse seiner Schüler in Prag erzählt, verschiedene magische Leistungen und interessante Geschichten Bardons beschrieben, die bis dato unveröffentlicht sind. Es werden auch seine drei Lehrwerke und deren Wirkung auf die Öffentlichkeit von einem anderen, unbekannten Standpunkt geschildert, welcher durch bisher schwer zugängliche Schriften unterstützt wird. Als Krönung wird seine aus dem Tschechischen übersetzte „Runenschrift" zum ersten Mal veröffentlicht. Auch einige Seiten aus anderen unveröffentlichten Schriften von ihm sowie interessante Fotos des Meister Bardon und seiner Freunde werden hier preisgegeben und vieles, vieles mehr.

*

In Verbindung mit der Gottheit
Hohenstätten

Über das Thema der Gottverbundenheit mit all seinen Formen und

54

Methoden wurde bis heute noch nie ein Buch verfasst, geschweige denn eine Schrift geschrieben. Man findet in der okkulten wie in der östlichen Literatur nur spärliche Hinweise, die größtenteils verschlüsselt sind oder so geschrieben wurden, dass man sie kaum versteht. Im Gegensatz dazu wird in diesem Buch offen dargelegt, dass das 1. kleine Arkanum der 78 Tarotkarten die Gottverbundenheit in ihrer Reinform darstellt.

*

Hermetische Heilmethoden
Hohenstätten

Dieses Buch stellt in der okkulten Literatur ein absolutes Unikum dar, denn über die Gesamtheit der okkulten Heilmethoden wurde bis jetzt noch NIE etwas Sinnvolles geschrieben. Es werden alle Heilmethoden erwähnt, die der hermetische Schüler mit Hilfe seiner bisher erlangten Konzentrationsfähigkeit ausüben und verwenden kann.

*

Erste hermetische Zeitschrift

„Der hermetische Bund teilt mit" ist eine der wenigen magisch-mystischen Zeitschriften, welche sich soweit als möglich auf die universelle Lehre von Franz Bardon bezieht. Sie versucht sich an die Gesetze des 4-poligen Magneten zu halten und vermittelt Wissen sowie Hinweise für die Praxis, damit der Leser die Möglichkeit hat, sie in seinen hermetischen Weg aufzunehmen und für sich gewinnbringend zu verarbeiten.

Noch viel mehr hermetische Literatur finden Sie auf unserer Website: http://www.hermetischer-bund.com.

Viel Vergnügen beim Stöbern!

Der Verlag